子平眞詮
자평진전

자평진전 · 子平眞詮

초판 1쇄 발행 2023년 3월 10일

지은이   심효첨
옮긴이   이명재
펴낸이   김선기

펴낸곳   (주)푸른길
출판등록 1996년 4월 12일 제16-1292호
주소   (03877) 서울시 구로구 디지털로 33길 48 대륭포스트타워 7차 1008호
전화   02-523-2907, 6942-9570~2
팩스   02-523-2951
이메일   purungilbook@naver.com
홈페이지 www.purungil.co.kr
ISBN   978-89-6291-012-4 (03180)

子平眞詮
자평진전

심효첨 지음

이명재 옮김

푸른길

차 례

4

간행자 서문

予自束髮就傳, 即喜讀子史諸集, 暇則取子平淵海大全, 略爲流覽, 亦頗曉其意. 然無師授, 而於五行生剋之理, 終若有所未得者. 後復購得三命通會星平大成諸書, 悉心參究, 晝夜思維, 乃恍然於命之不可不信, 而知命之君子當有以順受其正. 戊子歲, 予由副貢充補官學教習, 館舍在阜城門右, 得交同里章公君安, 歡若生平, 相得無間. 每值館課暇, 即詣君安寅談三命, 彼此辯難, 闡發無餘蘊.

나는 스스로 머리를 묶고 경전을 공부했는데, 즉 『사고전서』[1]의 자부와 사부 및 여러 집부를 읽는 것을 좋아했으며, 한가하면 『자평연해대전』을 대략 훑어보았는데 자못 그 뜻을 깨달았다. 그러나 스승의 가르침이 없었기 때문에 오행생극의 이치에서 끝내 이해하지 못한 것이 약간 있었다. 나중에 다시 『삼명통회』, 『성평대성』 등의 여러 책을 사서 심혈을 다해 참고하여 연구하고 밤낮으로 생각한 끝에 마침내 명은 믿지 않으면 안 되고 명을 아는 군자는 마땅히 그 정명을 순수히 받아들일 수 있어야 한다고 홀연히 느끼게 되었다.

무자년에 나는 부공[2]으로 보충 선발되어 관학에서 교습받았는데,

---

1) 청대 건륭 38년(1773) 착수하여 건륭 47년(1782)에 완성한 문집으로 經部, 史部, 子部, 集部로 나뉜다.

2) 『漢典』: 옛 향시나 회시에서 선발인원의 제한으로 인하여, 합격자 명부에 들지 못했지만 글이 우수한 사람은 합격자 발표 시 별도로 약간 명을 추려 합격자 명부 다음에 그 이름을 올리는데, 이를 부공(副貢)이라 부르며, 또한 부방(副榜)이라고도 부른다. 정식으

관사가 부성문3) 오른편에 있었기 때문에 같은 마을의 장군안 공과 사귀었고, 평생 친구같이 좋아하고 서로 얻고 격의가 없었다. 관학의 일과에서 여가를 가질 때마다 군안의 거처에 가서 삼명을 논했는데, 서로 논박하여 남김없이 드러내고 밝혔다.

已而三年期滿, 僦居宛平沈明府署, 得山陰沈孝瞻先生所著子平手錄三十九篇, 不覺爽然自失, 悔前次之揣摩未至. 遂攜其書示君安, 君安慨然歎曰此談子平家眞詮也. 先生諱燁燔, 成乾隆己未進士, 天資穎悟, 學業淵邃, 其於造化精微, 固神而明之, 變化從心者矣. 觀其論用神之成敗得失, 又用神之因成得敗因敗得成, 用神之必兼看於忌神, 與用神先後生剋之別, 並用神之透與會, 有情無情有力無力之辨, 疑似毫芒, 至詳且悉. 是先生一生心血, 全注於是, 是安可以湮沒哉.

벌써 3년의 기한이 만료되어 완평의 심명부서에 세 들어 살면서 산음 심효첨 선생이 저술한 『자평수록』39편을 얻으니, 망연자실한 것도 깨닫지 못하고 이전의 연구가 지극하지 못한 것을 후회하였다. 마침내 그 책을 가지고 군안에게 보여 주니, 군안은 개탄하면서 이 책은 자평가의 진짜 진리를 담론한다고 말했다.

선생의 이름은 역번이고 건륭 기미년(1739)에 진사가 되었는데, 타

___

로 합격한 사람은 廩貢(늠공)이라 한다.
3) 북경의 아홉 개 내성 중 하나이다.

고난 재능이 총명하고 학문이 깊으며, 그는 조화에 정교하고 오묘하며 진실로 신명스럽고 변화에 마음을 따르는 분이다. 그 책에서 용사신의 성패와 득실, 또한 용사신의 성격으로 인해 패격이 되는 것과 패격으로 인해 성격이 되는 것, 용사신은 반드시 기신과 함께 보는 것, 용사신 전후 생극의 구별, 용사신의 투간과 삼합, 유정과 무정, 유력과 무력의 구별에 대해 논한 것을 보면 애매모호한 티끌도 매우 자세하고도 다 갖추었다. 이는 선생이 일생동안 심혈을 이 책에 전부 쏟은 것이니, 이것이 어찌 묻힐 수 있겠는가?

君安爰謀付剞劂, 爲天下談命者, 立至當不易之準, 而一切影響遊移管窺蠡測之智, 俱可以不惑, 此亦談命家之幸也. 且不惟談命家之幸, 抑亦天下士君子之幸. 何則. 人能知命, 則營競之心可以息, 非分之想可以屏. 凡一切富貴窮通壽夭之遭, 皆聽之於天而循循焉各安於義命, 以共勉於聖賢之路, 豈非士君子厚幸哉. 觀於此而君安之不沒人善, 公諸同好, 其功不亦多乎哉. 爰樂序其緣起. 乾隆四十一年歲, 在丙申初夏, 同里後學, 胡焜倬空甫, 謹識.

군안이 이에 출판에 부칠 것을 꾀하니, 세상의 담명가들을 위해 지당하고 바뀌지 않는 표준을 세움으로써 망설이고 좁고 천박한 지식에 일절 영향을 끼쳐 모두 미혹되지 않을 수 있다면 이 또한 담명가의 행운이다. 게다가 오직 담명가의 행운일 뿐만 아니라 아마도 또한 천하 사군자의 행운이다. 왜 그런가? 사람이 명을 알 수 있으면 영리를 다투는 마음을 그칠 수 있고, 분수에 맞지 않는 상상도 물리칠 수 있기 때문이다. 무릇 모든 부귀, 궁통, 수요의 만남은 모두 하늘에 맡기면서 거기에 따르고 각각 바른 명에 편안히 함으로써 성현의 길에 함께 힘쓰면, 어찌 사군자의 두터운 행운이 아니겠는가? 이를 보면 군안은 남이 잘한 것을 파묻지 않고 모든 동호인에게 공개하니 그 공로 또한 많지 아니한가? 이에 즐겁게 그 연유를 서문에 쓴다.

건륭 41년 병신년(1776) 초여름 같은 마을 후학 호혼탁 공보 삼가 쓰다.

옮긴이 서문

사람이 태어난 연월일시를 기준으로 명운(命運)을 추리하는 명리학은 문헌적으로 동진대 곽박(郭璞, 276~324)이 지었다는 『옥조신응진경(玉照神應眞經)』또는 『옥조정진경(玉照定眞經)』의 원문을 그 기원으로 본다. 곽박에 의해 창시된 고법명리학은 당·송대의 『이허중명서(李虛中命書)』에서 집대성되고, 송대의 『낙록자부주(珞琭子賦註)』에서 심화된다.

한편 오대말(五代末)부터 북송초(北宋初)에 살았던 것으로 추정되는 서자평(徐子平)은 『옥조신응진경(玉照神應眞經)』과 『낙록자삼명소식부(珞琭子三命消息賦)』를 주석하고, 『명통부(明通賦)』를 저술하면서 일간을 命의 주체로 삼는 자평명리학을 창시했다. 그 후 자평명리학은 은밀한 전승과정을 거쳐 남송말 1253년 서대승(徐大升)의 『자평삼명통변연원(子平三命通變淵源)』이 책으로 출판되면서 대중에게 전파되기 시작했다.

『적천수(滴天髓)』는 생몰연대 미상인 경도(京圖)가 지은 원문(原文)에 명(明)의 개국공신이었던 유기(劉基, 1311~1375)가 최초로 주석을 달았다는 설과 원문과 원주를 모두 유기가 지었다는 설이 공존한다. 다만 원주를 유기가 지었다는 점에서는 일치한다. 또한 명말 청초에는 진소암(陣素庵, 1605~1666)이 『명리약언(命理約言)』을 저술했다.

『자평진전(子平眞詮)』은 자평명리학의 창시자인 서자평의 『명통부』와 서대승의 『자평삼명통변연원』, 『적천수』의 원문과 유기의 원주, 진소암의 『명리약언』을 비판적으로 계승한 책이다. 『자평진전(子平眞詮)』의 원제는 『자평수록(子平手錄)』이다. 『자평수록(子平手錄)』의 저자는 청대 심효첨(沈孝瞻)으로 알려져 있다. 심효첨의 생몰연대는 미상이지만, 1739년(건륭 4년) 진사시에 합격하였으니 18세기에 살았던 인물이다. 『자평진전』은 『자평수록』을 우연히 발견한 호혼탁(호는 공보)과 그의 친구인 장군안이 1776년(건륭 41년) 『자평진전』으로 제목을 바꾸어 간행한 것이다. 『자평수록』의 정확한 저술연대는 미상이지만, 심효첨의 진사시 합격연도인 1739년과 1776년 『자평진전』의 편찬연도를 감안하면 청나라의 최고 번성기인 건륭 연간(1736~1795) 초기에 지어진 것으로 추정된다.

격국(格局)과 용신(用神)은 자평명리학의 핵심적인 지명체계라고 할 수 있다. 일반적으로 격국(格局) 또는 격(格)은 사주팔자의 '구조' 또는 '특징'을 가르킨다. 용신(用神)은 '소용지신(所用之神)'의 줄임말로서 직역하면 "쓰는 신", "쓰이는 신"이 되고, 확대하면 "일간에게 가장 필요하여 일간이 쓰는 신"라는 의미이다. 반면 『자편진전』에서의 용신(用神)은 '소용지신(所用之神)'이 아니라 '용사지신(用事之神)' 의미로 보아야 한다. 그러나 서락오는 『자평진전』을 평주하면서 용신(用神)을 '소용지신(所用之神)'의 의미로 해석하고[4] 자신의 주관적인 5가지 용신 종류를 덧붙임으로써 혼란을 야기시켰다.

---

4) 『子平眞詮評註』: 用神者, 八字中所用之神也. 八字中察其旺弱喜忌, 或扶或抑. 即以扶抑之神爲用神, 故用神者, 八字之樞紐也.(용신은 팔자 중 쓰이는 신이다. 팔자 중에서 왕약과 희기를 살펴서 돕거나 억제하는데, 즉 돕거나 억제하는 신으로 용신을 삼으니, 그러므로 용신은 팔자의 중추이다.)

자평명리학을 창시한 서자평의『옥조신응진경(玉照神應眞經)』,
『낙록자삼명소식부주(珞琭子三命消息賦註)』,『명통부(明通賦)』에는
용신(用神)에 대한 용어가 보이지 않는다. 반면 서자평을 계승한 서대
승은『자평삼명통변연원(子平三命通變淵源)』에서 "用神은 손상되면
안 되고, 일주(日主)는 건왕한 것이 가장 좋다. 취용(取用)은 태어난 월
에 의거한다."[5]고 했다. 태어난 월에 의거한다는 점에서 여기서의 用
神도 '소용지신(所用之神)'의 의미가 아님을 알 수 있다. 한편『적천수
(滴天髓)』원문에서도 "월령의 인원(人元)은 용사지신(用事之神)이며
정해진 집의 방향이다."[6]라고 했다. 즉 월지(月支)의 인원은 '용사지
신(用事之神)'이라는 것이다.『적천수(滴天髓)』의 원주(原注)에서 유기
(劉基)도 "월령은 사람의 집과 같고, 월지(月支) 중의 삼원(三元)은 정
해진 집의 방향과 도로이니 헤아리지 않을 수 없다. 예컨대 인(寅)월
에 태어난 사람으로서 입춘 후 7일 전이면 견주어 무토(戊土)가 용사
(用事)한다고 할 만하고, 8일 후 14일까지는 병화(丙火)가 용사(用事)
하며, 15일 이후면 갑목(甲木)이 용사(用事)한다. 이것을 알면 격(格)을
취할 수 있고 용신을 취할 수 있을 것이다."[7]라고 강조하면서 각 인
원별로 용사(用事) 일수를 제시했다. 여기서 용사(用事)는 '관장한다'
의 의미이다.『자평삼명통변연원(子平三命通變淵源)』의 "取用은 태어
난 月에 의거한다."와『자평진전』의 "용신은 오로지 월령에서 찾는

---

5)『子平三命通變淵源』「繼善篇」: 用神不可損傷, 日主最宜健旺. (…) 取用憑於生月.

6)『滴天髓』: (原文) 月令乃提綱之府, 譬之宅也, 人元爲用事之神, 宅之定向也.

7)『滴天髓』: (劉基 原注) 月令如人之家宅, 支中之三元, 定宅中之向道, 不可以不卜. 如
寅月生人, 立春後七日前, 皆値戊土用事, 八日後十四日前者, 丙火用事, 十五日後, 甲
木用事. 知此則可以取格, 可以取用矣.

다.” 및 『적천수(滴天髓)』의 “월령의 인원(人元)은 용사지신(用事之神)이며 정해진 집의 방향이다.”는 내용적으로 상통하고 있다. 따라서 용사지신(用事之神)으로서의 용신론(用神論)은 심효첨의 독창적인 발상이라기 보다는 서대승(徐大升), 유기(劉基)의 용신론을 계승한 것으로 볼 수 있다. 그러므로 『자평진전』에서 용신(用神)은 ‘용사지신(用事之神)’의 줄임말로서 사주의 전체를 ‘관장하는 신(神)’이라고 할 수 있다. 즉 『자평진전』의 용신(用神)은 ‘용사지신(用事之神)’ 또는 줄여서 ‘용사신(用事神)’이라고 할 수 있으며, 일반적인 의미의 용신 즉 “소용지신(所用之神)”과 확실히 구별할 필요가 있다. 그러므로 『자평진전』의 용신(用神)은 용어상의 혼란을 방지하기 위해 글자 그대로 용신보다는 용사지신(用事之神)의 줄임말로서 용사신(用事神)으로 번역하는 것이 옳다.

한편 심효첨은 용사신(用事神)을 돕는 역할로서 상신(相神)이라는 개념을 새롭게 도입했다. 즉 “월령에서 이미 용사신(用事神)을 얻으면 다른 자리에 또한 반드시 상신(相神)이 있는데, 군주가 재상을 가지는 것과 같으니, 일간의 용사신을 돕는 것이 이것이다.”[8] 상신(相神)은 ‘돕는 신’이라는 의미로서 용사신을 도와 격국을 이루게 하는 육신을 말한다. 심효첨이 상신(相神)을 도입한 것은 용사지신(用事之神)을 간단히 줄여 용신(用神)이라고 표현하면서 생길 수 있는 용어상의 중복을 막기 위한 불가피한 선택이라고 할 수 있다.

『자평진전』은 『적천수천미』와 더불어 명리학의 2대 원전으로 평

---

8) 『子平眞詮』: 月令既得用神, 則別位亦必有相, 若君之有相, 輔我用神者是也.

가받고 있으며, 명리학도라면 반드시 정독해서 완전히 이해해야 하는 책이라 할 수 있다.

일러두기

『子平眞詮』에서의 用神은 "담당하는 神, 관장하는 神, 사령하는 神"이라는 의미가 담겨있는 '用事之神'이다. 여기서 '之'는 단순 수식 어이므로 줄여서 '用事神'이라 할 수 있다. 따라서 용사신은 '관장하는 神'이라는 의미의 '司令神'으로 보아야 한다. 그럼에도 불구하고 서락오는 『子平眞詮』을 평주하면서 用神을 "일간에게 가장 필요하여 일간이 쓰는 神"이라는 의미의 '所用之神'으로 해석하고 자신의 주관적인 5가지 용신 종류를 덧붙임으로써 혼란을 야기시켰다.

따라서 본서에서는 『子平眞詮』의 '用神'을 둘러싼 용어상의 혼란을 바로 잡기 위해 '用神'을 '용사신'으로 번역하였다. 또한 심효첨 원문과 서락오 평주가 함께 있는 판본을 보면 어느 것이 원문인지 혼동되는 경우가 많았고, 원저자의 진의가 제대로 전달되지 않거나 왜곡되는 경우도 종종 있었다. 그래서 본서에서는 서락오의 평주를 과감히 제외하고 심효첨 원문을 기준으로 옮겼다.

가급적 한글로 표기하고자 했으나, 정확한 의미전달을 위해 기초적인 명리학 용어는 원문 그대로 표기했다. 『子平眞詮』을 옮기면서 참고한 문헌은 다음과 같다.

- 沈孝瞻 原著, 徐樂吾 評註, 『子平眞詮 評註』, 武陵出版社, 2012.
- 沈孝瞻 原著, 徐樂吾 評註, 『子平眞詮 評註』, 進源書局, 2006.

子平眞詮

자평진전

1. 십간 십이지론(論十干十二支)

天地之間, 一氣而已. 惟有動靜, 遂分陰陽, 有老少, 遂分四象. 老者, 極動極靜之時, 是爲太陽太陰, 少者初動初靜之際, 是爲少陰少陽, 有是四象, 而五行具於其中矣. 水者, 太陰也, 火者, 太陽也, 木者, 少陽也, 金者, 少陰也. 土者, 陰陽老少木火金水冲氣所結也.

천지 사이는 하나의 氣일 뿐이었지만, 다만 動과 靜이 있어서 마침내 陰과 陽으로 나뉘고 老와 少가 있어서 마침내 四象으로 나뉘었다. 老는 지극히 動하거나 지극히 靜한 때이니 이는 태양과 태음이고, 少는 처음 動하거나 처음 靜한 때이니 이는 소음과 소양이므로, 이러한 사상이 있으니, 오행이 그 가운데에서 갖추어졌을 것이다. 水는 태음이고 火는 태양이며, 木은 소양이고 金은 소음이다. 土는 음양, 노소, 木火金水가 충돌하여 낳은 중화의 기운9)이 맺은 것이다.

有是五行, 何以又有十干十二支乎. 蓋有陰陽, 因生五行, 而五行之中, 各有陰陽. 即以木論, 甲乙者, 木之陰陽也. 甲者, 乙之氣, 乙者, 甲之質. 在天爲生氣, 而流行於萬物者, 甲也, 在地爲萬物, 而承

---

9) 『漢典』: 1. 指阴阳两氣互相激荡. 2. 指阴阳二氣互相冲击而产生的中和之氣. 3. 五行之氣相冲克者互为冲气.

茲生氣者, 乙也.

이러한 오행이 있는데 어째서 또 십간과 십이지가 있는가? 대개 음양이 있으므로 인하여 오행이 생기니 오행 중에는 각각 음양이 있다. 즉 木으로 논하면, 甲乙은 木의 陰陽이다. 甲은 乙의 기운이고, 乙은 甲의 바탕이다. 하늘에서 생기가 되어서 만물에 흐르는 것이 甲이고, 땅에서 만물이 되어서 이 생기를 받아들인 것이 乙이다.

又細分之, 生氣之散佈者, 甲之甲, 而生氣之凝成者, 甲之乙. 萬物之所以有枝葉者, 乙之甲, 而萬木之枝枝葉葉者, 乙之乙也. 方其爲甲, 而乙之氣已備, 及其爲乙, 而甲之質乃堅. 有是甲乙, 而木之陰陽具矣.

다시 그것을 세분하면, 생기가 흩어져 퍼진 것이 甲 중의 甲이고, 생기가 응결된 것이 甲 중의 乙이다. 만물에 가지와 잎이 있는 까닭은 乙 중의 甲이고, 모든 나무의 곁가지와 곁잎은 乙 중의 乙이다. 바야흐로 그것이 甲이라면 乙의 氣가 이미 갖추어지고, 그것이 乙이라면 甲의 質이 이에 단단해진다. 이러한 甲乙이 있으니 木의 음양이 갖추어지는 것이다.

何以復有寅卯. 寅卯者, 又與甲乙分陰陽天地而言之者也. 以甲乙而分陰陽, 則甲爲陽, 乙爲陰, 木之行於天而爲陰陽者也. 以寅卯而分陰陽, 則寅爲陽, 卯爲陰, 木之存乎地而爲陰陽者也.

어째서 다시 寅卯가 있는가? 寅卯는 또한 甲乙과 함께 음양과 천간·지지로 나누어 그렇게 말하는 것이다. 甲乙로 음양을 나누면, 즉 甲은 양이고 乙은 음이니, 木이 천간을 유행하면서 음양이 된 것이다. 寅卯로 음양을 나누면 寅은 양이고 卯는 음이니, 木이 지지에 있으면서 음양이 된 것이다.

以甲乙寅卯而統分陰陽, 則甲乙爲陽, 寅卯爲陰, 木之在天成象而在地成形者也. 甲乙行乎天, 而寅卯受之, 寅卯存乎地, 而甲乙施焉. 是故甲乙如官長, 寅卯如該管地方. 甲祿於寅, 乙祿於卯, 如府官之在郡, 縣官之在邑, 而各施一月之令也.

甲乙·寅卯로 통합하여 음양을 나누면, 甲乙은 양이 되고 寅卯는 음이 되니, 木은 천간에서 象을 이루고 지지에서 形을 이루는 것이다. 甲乙이 천간에서 흐르니 寅卯는 甲乙을 받고, 寅卯가 지지에 있으니 甲乙이 寅卯에게 베푸는 것이다. 그러므로 甲乙은 장관과 같고, 寅卯는 소관하는 지방관과 같다. 甲의 祿은 寅에 있고 乙의 祿은 卯에 있으니, 부관이 郡에 있으면서 현관이 邑에 있으면서 각각 한 달의 명령을 시행하는 것과 같다.

甲乙在天, 故動而不居, 建寅之月, 豈必常甲, 建卯之月, 豈必常乙. 寅卯在地, 故止而不遷, 甲雖遞易, 月必建寅, 乙雖遞易, 月必建卯. 以氣而論, 甲旺於乙, 以質而論, 乙堅於甲.

甲乙은 천간에 있으므로 움직이고 머무르지 않은데, 寅을 세우는 月은 어찌 반드시 항상 甲이고 卯를 세우는 月은 어찌 반드시 항상 乙인가? 寅卯는 지지에 있으면서 멈추고 움직이지 않으니, 甲이 비록 번갈아 바뀌더라도 月은 반드시 寅을 세우고, 乙이 비록 번갈아 바뀌더라도 月은 반드시 卯를 세운다. 氣로서 논하면, 甲은 乙보다 왕성하고, 質로 논하면 乙은 甲보다 단단하다.

而俗書謬論, 以甲爲大林, 盛而宜斲, 乙爲微苗, 脆而莫傷, 可爲不知陰陽之理者矣. 以木類推, 餘者可知. 惟土爲木火金水沖氣, 故寄旺於四時. 而陰陽氣質之理, 亦同此論. 欲學命者, 必須先知干支之說, 然後可以入門.

그러나 속서에서 잘못 논하기를, "甲은 큰 숲으로서 무성하기 때문에 마땅히 베어야 하고, 乙은 미약한 싹으로서 약하기 때문에 손상되면 안 된다."고 하는데, 음양의 이치를 모른다고 할 수 있을 것이다. 木으로 유추하면 나머지도 알 수 있다. 오직 土는 木火金水가 충돌하여 중화를 이룬 기운이므로 따라서 사계절에 기대어 왕성하다. 그리고 음양의 氣와 質의 이치도 이같이 논한다. 命을 배우고 싶은 사람은 반드시 먼저 干支의 이론을 알고 난 후에 입문할 수 있다.

2. 음양 생극론(論陰陽生剋)

四時之運, 相生而成, 故木生火, 火生土, 土生金, 金生水, 水復生木. 即相生之序, 循環迭運, 而時行不匱. 然而有生又必有剋, 生而不剋, 則四時亦不成矣. 剋者, 所以節而止之, 使之收斂, 以爲發洩之機, 故曰天地節而四時成.

사계절의 운행은 서로 生하면서 이룬다. 그러므로 木은 火를 生하고, 火는 土를 生하며, 土는 金을 生하고, 金은 水를 生하며, 水는 다시 木을 生한다. 즉 상생하는 순서는 순환하고 번갈아 운행하니, 사계절의 운행은 끝이 없다. 그러나 生이 있으면 또한 반드시 剋이 있어야 하니, 生하기만 하고 剋하지 않으면 사계절도 이루어지지 않을 것이다. 剋은 生을 조절하고 生을 멈추며 生으로 하여금 수렴하게 하여 발산하는 기틀로 삼기 때문이다. 그러므로 하늘과 땅이 조절되면서 사계절이 이루어진다고 말하는 것이다.

即以木論, 木盛於夏, 殺於秋. 殺者, 使發洩於外者藏收於內, 是殺正所以爲生. 大易以收劍爲性情之實, 以兌爲萬物所說, 至哉言乎. 譬如人之養生, 固以飮食爲生, 然使時時飮食而不使稍饑以待將來, 人壽其能久乎. 是以四時之運, 生與剋同用, 剋與生同功.

즉 木으로 논하면, 木은 여름에 왕성하지만 가을에 숙살된다. 숙살은 바깥으로 발산하는 기운으로 하여금 안으로 저장하고 거두게 하는 것이니, 이것이 殺이 바로 生이 되는 까닭이다. 『周易』에서는 "수렴으로 성정의 결실을 삼고, 兌는 만물이 기뻐하는 것이 된다."고 했는데, 지극한 말이다. 비유하면 사람의 양생은 본래 마시고 먹으면서 살지만, 그러나 수시로 마시고 먹기만 하고, 조금 굶주리면서 장래를 기다리게 하지 않으면 사람의 수명이 오래갈 수 있겠는가? 그러므로 사계절의 운행에서 生과 剋은 쓰임이 같고, 剋과 生은 功이 같다.

然以五行而統論之, 則水木相生, 金木相剋, 以五行之陰陽而分配之, 則生剋之中, 又有異同. 此所以水同生木, 而印有偏正, 金同剋木, 而局有官煞也. 印綬之中, 偏正相似, 生剋之殊, 可置勿論. 而相剋之內, 一官一煞, 淑慝判然, 其理不可不細詳也.

그러나 오행으로서 통합하여 논하면, 水와 木은 서로 생하고 金과 木은 서로 극하는데, 오행의 음양으로 그것을 분배하면, 즉 생과 극 가운데에도 또한 다른 점과 같은 점이 있다. 이것은 水가 똑같이 木을 생하지만 인수에는 편인과 정인이 있고, 金이 똑같이 木을 극하지만 국에는 정관과 칠살이 있기 때문이다. 인수 중에서 편인과 정인은 서로 비슷하므로 생과 극의 차이는 놔두고 따지지 않을 수 있다. 그러나 상극 안에서는 하나는 정관이고 하나는 칠살으로서 선과 악이 분명히 드러나므로 그 이치를 자세히 살피지 않으면 안 된다.

即以甲乙庚辛言之, 甲者, 陽木也, 木之生氣也, 乙者, 陰木也, 木之形質也. 庚者, 陽金也, 秋天肅殺之氣也, 辛者, 陰金也, 人間五金之質也. 木之生氣, 寄於木而行於天, 故逢秋天肅殺之氣, 則鎖剋殆盡, 而金鐵刀斧, 反不能傷. 木之形質, 遇金鐵刀斧則斬伐無餘, 而肅殺之氣, 只外掃落葉, 而根底愈固. 此所以甲以庚爲殺, 以辛爲官, 而乙則反是, 庚官而辛殺也.

즉 甲乙과 庚辛으로 말하면, 甲은 양목이고 木의 생기이며, 乙은 음목이고 木의 형질이다. 庚은 양금이고 가을의 숙살하는 기운이며, 辛은 음금이고 인간의 다섯 가지 金의 형질이다. 木의 생기(甲)는 木에 의지하여 천간을 유행하므로 가을의 숙살하는 기운(庚)을 만나면 가두고 극을 당해 거의 없어지지만, 쇠로 만든 칼과 도끼(辛)는 도리어 상하게 할 수 없다. 木의 형질(乙)은 쇠로 만든 칼과 도끼(辛)를 만나면 베어져 남는 것이 없지만, 숙살하는 기운(庚)을 만나면 단지 밖으로 낙엽이 떨어질 뿐 밑뿌리는 더욱 견고하다. 이것이 甲은 庚으로 칠살을 삼고, 辛으로 정관을 삼지만, 乙은 이와 반대로 庚으로 정관을 삼고 辛으로 칠살을 삼는 까닭이다.

又以丙丁庚辛言之, 丙者, 陽火也, 融和之氣也, 丁者, 陰火也, 薪傳之火也. 秋天肅殺之氣, 逢陽和而剋去, 而人間之金, 不畏陽和. 此所以庚以丙爲殺, 而辛以丙爲官也. 人間金鐵之質, 逢薪傳之火而立化, 而肅殺之氣, 不畏薪傳之火. 此所以辛以丁爲殺, 而庚以丁爲官也. 即此以推, 而餘者之相剋可知矣.

또 丙丁과 庚辛으로 말하면, 丙은 陽火이고 융화하는 기운이며, 丁은 陰火이고 장작단의 불이다. 가을의 숙살하는 기운은 따뜻한 기운을 만나면 극을 당하여 제거되지만, 인간의 金은 따뜻한 기운을 두려워하지 않는다. 이것이 庚은 丙으로 칠살을 삼고 辛은 丙으로 정관을 삼는 까닭이다. 인간의 金鐵의 형질(辛)은 장작단의 불을 만나면 즉시 변화하지만, 숙살하는 기운(庚)은 장작단의 불을 두려워하지 않는다. 이것이 辛은 丁으로 칠살을 삼고 庚은 丁으로 정관을 삼는 까닭이다. 즉 이렇게 미루어 보면 나머지 상극도 알 수 있을 것이다.

3. 음양 생사론(論陰陽生死)

五行干支之說, 已詳論於干支篇. 干動而不息, 支靜而有常. 以每干流行於十二支之月, 而生旺墓絕繫焉. 陽主聚, 以進爲進, 故主順. 陰主散, 以退爲進, 故主逆. 此長生沐浴等項, 所以有陽順陰逆之殊也. 四時之運, 成功者去, 待用者進, 故每流行於十二支之月, 而生旺墓絕, 又有一定, 陽之所生, 即陰之所死, 彼此互換, 自然之運也.

오행 간지의 설은 이미 간지 편에서 자세히 논했다. 천간은 움직이면서 쉬지 않지만, 지지는 조용하면서 일정하다. 각 천간은 십이지 월을 유행하기 때문에 생왕묘절이 거기에 달려 있다.

양은 모이는 것을 주관하니 進을 進으로 삼고 주로 순행한다. 음은 흩어지는 것을 주관하니 退를 進[10]으로 삼고 주로 역행한다. 따라서 장생, 목욕 등의 항목에서 양간은 순행하고 음간은 역행하는 차이가 있다. 사계절의 운행에서 공을 이룬 것은 물러나고 쓰임을 기다리는 것은 나아가므로, 따라서 매번 십이지 월을 유행하지만, 생왕묘절은 또한 일정함이 있으니, 양이 태어나는 곳은 곧 음이 죽는 곳이며, 피차

---

10) 원문에는 退로 되어 있으나, 문맥상 進의 오류이다. 『滴天髓闡微』의 임철초 증주에서도 進으로 주석했다. 즉 음양순역의 설은 그 이치가 『洛書』에서 나왔는데, 유행의 쓰임에서 양은 모이는 것을 주관하니 나아가는 것으로 進을 삼고, 음은 흩어지는 것을 주관하니 물러나는 것으로 進을 삼는 것에 불과하다(陰陽順逆之說, 其理出洛書, 流行之用, 不過陽主聚, 以進爲進, 陰主散, 以退爲進).

서로 바뀌는 것이 자연의 운행이다.[11]

即以甲乙論, 甲爲木之陽, 天之生氣流行萬木者. 是故生於亥而死於午. 乙爲木之陰, 木之枝枝葉葉, 受天生氣, 是故生於午而死於亥. 夫木當亥月, 正枝葉剝落, 而內之生氣, 已收藏飽足, 可以爲來春發洩之機. 此其所以生於亥也.

즉 甲乙로 논하면 甲은 木의 양간으로서 하늘의 생기가 모든 木에 유행하는 것이다. 따라서 亥에서 장생이고 午에서 死가 된다. 乙은 木의 음간으로서 木의 곁가지와 곁잎들은 하늘의 생기를 받으므로, 따라서 午에서 장생이고 亥에서 死가 된다. 무릇 木이 亥월을 마주 대하면 바로 가지와 잎이 벗겨지고 떨어지지만 안에 있는 생기는 이미 거두어 저장된 것이 충분하니 다가오는 봄이 발산하는 기틀이 될 수 있다. 이것이 木이 亥에서 장생이 되는 까닭이다.

木當午月, 正枝葉繁盛之候, 而甲何以死. 卻不知外雖繁盛, 而內之生氣發洩已盡, 此其所以死於午也. 乙木反是, 午月枝葉繁盛, 即爲之生, 亥月枝葉剝落, 即爲之死. 以質而論, 自與氣殊也. 以甲乙爲例, 餘可知矣.

---

11) 『滴天髓闡微』의 원문, 유기의 원주, 임철초 증주를 보면, 음양순역의 이치는 맞지만 고집하면 안 되고, 실제로는 음양동생동사로 적용해야 한다는 것이다. 또 『子平眞詮』도 이와 맥을 같이 한다(陰長生不作此論, 如乙逢午, 丁逢酉之類. 然亦爲有根, 比得一餘氣).

木은 午월이 되면 바로 가지와 잎이 번성하는 기후인데 甲은 어째서 死가 되는가? 겉으로 비록 번성하더라도 내부로는 생기의 발산이 이미 다한 것을 도리어 모르는 것이니, 이것이 (甲이) 午에서 死가 되는 까닭이다. 乙木은 이와 반대인데, 午월에 가지와 잎은 번성하니 즉 장생이 되고, 亥월에 가지와 잎은 벗겨지고 떨어지니 즉 死가 된다. 質로 논하면 자연히 氣와는 다르다. 甲乙로 예를 들었으니 나머지도 알 수 있을 것이다.

支有十二月, 故每干長生至胎養, 亦分十二位. 氣之由盛而衰, 衰而復盛, 逐節細分, 遂成十二. 而長生沐浴等名, 則假借形容之詞也. 長生者, 猶人之初生也. 沐浴者, 猶人既生之後, 而沐浴以去垢也. 如果核既爲苗, 則前之青殼, 洗而去之矣. 冠帶者, 形氣漸長, 猶人之年長而冠帶也.

지지에는 12월이 있으므로 따라서 각 천간은 장생부터 태·양까지 또 12자리로 나뉜다. 기운은 왕성함으로 말미암아 쇠퇴하고, 쇠퇴하면 다시 왕성하니, 계절을 따라 세분하면 마침내 12자리를 이룬다. 그리고 장생, 목욕 등의 명칭은 형용사를 임시로 빌린 것이다. 長生은 사람이 처음 태어난 것과 같다. 沐浴은 사람이 이미 태어난 후에 목욕으로 때를 없애는 것과 같다. 예컨대 과일의 씨앗이 이미 싹이 트면 이전의 푸른 껍데기는 씻겨서 제거될 것이다. 冠帶는 형체와 기운이 점점 자라는 것이니, 사람이 나이가 들면서 관대를 하는 것과 같다.

臨官者, 由長而壯, 猶人之可以出仕也. 帝旺者, 壯盛之極, 猶人之可以輔帝而大有爲也. 衰者, 盛極而衰, 物之初變也. 病者, 衰之甚也. 死者, 氣之盡而無餘也. 墓者, 造化收藏, 猶人之埋於土者也.

臨官은 성장함으로 말미암아 장성한 것이니, 사람이 벼슬길에 나갈 수 있는 것과 같다. 帝旺은 장성의 극치이니, 사람이 제왕을 도와 큰 일을 할 수 있는 것과 같다. 衰는 왕성함이 극에 이르러 쇠퇴하는 것이니, 물체가 처음 변한 것이다. 病은 쇠퇴함이 심한 것이다. 死는 기운이 다하여 남는 것이 없는 것이다. 墓는 조화가 수장되는 것으로 사람이 땅에 묻히는 것과 같다.

絶者, 前之氣已絶而後氣將續也. 胎者, 後之氣續而結聚成胎也. 養者, 如人養母腹也. 自是而後, 長生循環無端矣.

絶은 이전의 기운이 이미 끊어지고 이후의 기운이 장차 이어지는 것이다. 胎는 이후의 기운이 이어지고 맺혀서 胎를 이룬 것이다. 養은 사람이 모태에서 양육되는 것과 같다. 이로부터 나중에는 장생으로 순환하여 끝이 없을 것이다.

人之日主, 不必生逢祿旺, 即月令休囚, 而年日時中, 得長生祿旺, 便不爲弱. 就使逢庫, 亦爲有根. 時說謂投庫而必沖者, 俗書之謬也. 但陽長生有力, 而陰長生不甚有力, 然亦不弱. 若是逢庫, 則陽爲有根, 而陰爲無用. 蓋陽大陰小, 陽得兼陰, 陰不能兼陽, 自然之理也.

사람의 일간은 태어나면서 반드시 녹왕을 만날 필요가 없는데, 즉 월령이 휴수이더라도 연일시 중에서 장생이나 녹왕을 얻으면 곧 약하지 않다. 나아가 庫를 만나더라도 또한 뿌리가 있는 것이다. 수시로 말하기를, "庫에 들어가면 반드시 충해야 한다."고 하는데, 이는 속서의 오류이다. 다만 양간 장생은 힘이 있고 음간 장생은 아주 힘이 있지는 않지만, 그러나 또한 약하지는 않다. 만일 이들이 庫를 만나면, 양간은 뿌리가 있게 되지만 음간은 쓰임이 없게 된다. 대개 양은 크고 음은 작으니, 양은 음을 겸하지만 음은 양을 겸할 수 없는 것이 자연의 이치이다.

4. 십간 배합 성정론(論十干配合性情)

合化之義, 以十干陰陽相配而成. 河圖之數, 以一二三四五配六七八九十, 先天之道也. 故始於太陰之水, 而終於沖氣之土, 以氣而語其生之序也. 蓋未有五行之先, 必先有陰陽老少, 而後沖氣生, 故以土終之. 既有五行, 則萬物又生於土, 而水火木金, 亦寄質焉, 故以土先之.

合化의 의미는 십간의 음과 양이 서로 배합함으로써 이루어진다. 하도의 수는 1, 2, 3, 4, 5를 6, 7, 8, 9, 10과 배합함으로써 선천의 도가 된다. 그러므로 태음의 水에서 시작하여 沖氣의 土에서 끝나는 것은 오행의 氣로서 그 生의 순서를 말한 것이다. 대개 오행이 아직 있기 전에 반드시 먼저 음양과 노소가 있었고, 나중에 沖氣가 생기니, 그러므로 土로써 선천의 도를 끝내는 것이다. 이미 오행이 있으면 곧 만물은 또 土에서 생기고, 水火木金도 거기에 형질을 의탁하니, 그러므로 土로써 合化를 앞장선다.

是以甲己相合之始, 則化爲土. 土則生金, 故乙庚化金次之, 金生水, 故丙辛化水又次之, 水生木, 故丁壬化木又次之, 木生火, 故戊癸化火又次之, 而五行遍焉. 先之以土, 相生之序, 自然如此, 此十干合化之義也.

이로써 甲己가 서로 합하는 것이 시작이니, 즉 변하여 土가 된다. 土는 곧 金을 生하므로 乙庚이 변하여 金으로 되는 것이 그 다음이고, 金은 水를 生하니 그러므로 丙辛이 변하여 水로 되는 것이 또 그 다음이며, 水는 木을 生하니 그러므로 丁壬이 변하여 木으로 되는 것이 또 그 다음이고, 木은 火를 生하니 그러므로 戊癸가 변하여 火로 되는 것이 또 그 다음이며, 오행이 거기에 두루 미친다. 土로써 앞장서는 상생의 순서는 자연히 이와 같으니, 이것이 십간이 합화하는 의미이다.

其性情何也. 蓋既有配合, 必有向背. 如甲用辛官, 透丙作合, 而官非其官. 甲用癸印, 透戊作合, 而印非其印. 甲用己財, 己與別位之甲作合, 而財非其財. 如年己月甲, 年上之財, 被月合去, 而日主之甲乙無分. 年甲月己, 月上之財, 被年合去, 而日主之甲乙不與是也. 甲用丙食, 與辛作合, 而非其食. 此四喜神因合而無用者也.

合化의 성정은 어떠한가? 대개 이미 배합이 있으면 반드시 향배가 있다. 예컨대 甲이 辛정관을 용사신으로 삼는데, 투간된 丙이 합을 하면 그 정관은 제대로 된 정관이 아니다. 甲이 癸정인을 용사신으로 삼는데, 투간된 戊가 합을 하면 그 정인은 제대로 된 정인이 아니다. 甲이 己정재를 용사신으로 삼는데, 己가 다른 자리에 있는 甲이 합을 하면 그 정재는 제대로 된 정재가 아니다. 예컨대 年에 己가 있고 月에 甲이 있으면, 年의 정재는 月의 甲에게 합거되니, 日主의 甲乙에게는 몫이 없다. 年에 甲이 있고 月에 己가 있으면, 月의 정재는 年에게 합거되니, 日主의 甲乙이 함께할 수 없는 것이 이것이다. 甲이 丙식신을 쓰는데, 辛과 합을 하면 제대로 된 식신이 아니다. 이는 4희신[12]이 합으로 인하여 쓸모 없는 경우이다.

○ 甲 辛 丙　　○ 甲 癸 戊　　○ 甲 己 甲　　○ 甲 丙 辛
○ ○ ○ ○　　○ ○ ○ ○　　○ ○ ○ ○　　○ ○ ○ ○

又如甲逢庚爲煞, 與乙作合, 而煞不攻身. 甲逢乙爲劫, 與庚作合, 而乙不劫財. 甲逢丁爲傷, 與壬作合, 而丁不爲傷官. 甲逢壬爲梟, 與丁作合, 而壬不奪食. 此四忌神因合化吉者也.

예컨대 甲이 庚을 만나면 칠살이 되지만, 乙과 합하면 칠살은 일간을 공격하지 않는다. 甲이 乙을 만나면 겁재가 되지만, 庚과 합하면 乙은 財를 빼앗지 않는다. 甲일간이 丁을 만나면 상관이 되지만, 壬과 합하면 丁은 정관을 상하지 않는다. 甲일간이 壬을 만나면 편인이 되지만, 丁과 합하면 壬은 식신을 빼앗지 않는다. 이것이 4흉신이 합으로 인하여 吉로 바뀌는 경우이다.

○ 甲 庚 乙　　己 甲 乙 庚　　辛 甲 丁 壬　　丙 甲 壬 丁
○ ○ ○ ○　　○ ○ ○ ○　　○ ○ ○ ○　　○ ○ ○ ○

---

12) 喜神은 여기서 단 한번 나오는데, 길신과 반대되는 의미로 쓰였다.

蓋有所合則有所忌, 逢吉不爲吉, 逢凶不爲凶. 即以六親言之, 如男以財爲妻, 而被別干合去, 財妻豈能親其夫乎. 女以官爲夫, 而被他干合去, 官夫豈能愛其妻乎. 此謂配合之性情, 因向背而殊也.

대개 합하는 것이 있으면 꺼리는 것도 있으니, 吉을 만나도 吉이 되지 않고, 凶을 만나도 凶이 되지 않는다. 즉 육친으로 말하면 예컨대 남자는 재로 처를 삼는데, 다른 천간에게 합거되면 재인 처가 어찌 그 지아비와 친할 수 있겠는가? 여자는 정관으로 지아비를 삼는데, 다른 천간에게 합거되면 정관인 지아비가 어찌 그 처를 사랑할 수 있겠는가? 이것은 배합의 성정을 말하는 것이니, 향배로 인해 달라지는 것이다.

5. 십간 합이불합론(論十干合而不合)

十干合化之義, 前篇既明之矣. 然而亦有合而不合者, 何也. 蓋隔於有所間也. 譬如人彼此相好, 而有人從中間之, 則交必不能成. 假如甲與己合, 而甲己中間, 以庚間隔之, 則甲豈能越剋我之庚而合己. 此制於勢然也, 合而不敢合也, 有若無也.

십간이 합화하는 의미는 전편에서 이미 설명했을 것이다. 그러나 또한 합이 있지만 합이 되지 않는 경우가 있는데, 어떤 경우인가? 대개는 어떤 사이에 방해가 있는 경우이다. 비유하자면 사람이 피차 서로 좋아하는데 어떤 사람이 중간에서 이간시키면 교제가 반드시 이루어질 수 없는 것과 같다. 가령 甲과 己는 합하지만, 甲과 己의 중간에서 庚이 이간시키고 방해하면, 甲이 어찌 자신을 극하는 庚을 넘어 己와 합할 수 있겠는가? 이것은 기세에 제압당해 그러한 것이니, 합을 하고자 하나 감히 합할 수 없고 있어도 없는 것과 같다.

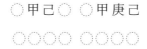

又有隔位太遠. 如甲在年干, 己在時上, 心雖相契, 地則相違, 如人天南地北, 不能相合一般. 然於有所制而不敢合者, 亦稍有差, 合

而不能合也, 半合也, 其爲禍福得十之二三而已.

또한 떨어진 자리가 너무 먼 경우도 있다. 예컨대 甲이 연간에 있고 己가 時에 있으면, 마음은 비록 서로 맺으려고 해도 장소가 즉 서로 어긋나는 경우로서 사람이 아득히 멀리 떨어져 있어서 하나로 서로 합할 수 없는 것과 같다. 그러나 제압하는 것이 있어서 감히 합하지 못하는 경우와는 또한 약간의 차이가 있으니, 합이 있지만 멀어서 합할 수 없는 것은 절반의 합이며, 그 화복이 되는 것은 십 중 둘 셋을 얻을 뿐이다.

己 ○ ○ 甲
○ ○ ○ ○

又有合而無傷於合者, 何也. 如甲生寅卯, 月時兩透辛官, 以年丙合月辛, 是爲合一留一, 官星反輕.

또 합을 해도 합에서 상하지 않는 경우가 있으니, 어떤 경우인가? 예컨대 甲이 寅卯월에 태어나고, 月과 時 양쪽에 辛정관이 투간된 경우, 연간의 丙이 월간의 辛을 합하면, 이것은 하나를 합하고 하나를 남기는 것이니, 정관이 오히려 가벼워진다.

辛 甲 辛 丙
○ ○ 寅 ○

甲逢月刃, 庚辛並透, 丙與辛合. 是爲合官留煞, 而煞刃依然成格, 皆無傷於合也.

甲이 月에서 양인을 만나고 庚과 辛이 나란히 투간된 경우, 丙과 辛이 합하면 이것은 정관을 합하고 칠살을 남기니, 煞刃은 전과 다름 없이 격을 이루고 모두 합에서 상하지 않는다.

庚 甲 辛 丙
○○ 卯 ○

又有合而不以合論者, 何也. 本身之合也. 蓋五陽逢財, 五陰遇官, 俱是作合, 惟是本身十干合之, 不爲合去. 假如乙用庚官, 日干之乙, 與庚作合, 是我之官, 是我合之, 何爲合去.

또한 합을 해도 합으로 논하지 않는 경우가 있는데, 어떤 경우인가? 본신의 합이다. 대개 5양간이 정재를 만나거나, 5음간이 정관을 만나면 모두 합을 하지만, 다만 본신 십간이 정재나 정관을 합하는 것이니 합거되지 않는다. 가령 乙은 庚정관을 쓰는데 일간의 乙이 庚과 합을 하면 이것은 나의 정관이고 이것은 내가 정관을 합하는 것이니 어떻게 합거되겠는가?

○ 乙 庚 ○

○○○○

若庚在年上, 乙在月上, 則月上之乙, 先去合庚, 而日干反不能合, 是爲合去也.

만일 庚이 年에 있고 乙이 月에 있으면 月의 乙이 먼저 가서 庚을 합하므로 乙일간은 오히려 합할 수 없으니, 이것은 합거되는 것이다.

乙乙庚
○○○○

又如女以官爲夫, 丁日逢壬, 是我之夫, 是我合之, 正如夫妻相親, 其情愈密. 惟壬在月上, 而年丁合之, 日干之丁, 反不能合. 是以己之夫星, 被姊妹合去, 夫星透而不透矣.

또 예컨대 여자는 정관으로 지아비를 삼는데, 丁일간이 壬을 만나면, 자신의 지아비를 자신이 합하는 것이니, 바로 부부가 서로 친하고 그 정이 더욱 친밀한 것과 같다. 다만 壬이 月에 있고 年의 丁이 그것과 합하면, 일간의 丁은 오히려 합할 수 없다. 이것은 자기의 지아비별이 자매에게 합거를 당하는 것이니, 지아비별이 투간되어도 투간되지 않은 것이다.

○丁壬○   ○丁壬丁
○○○○   ○○○○

然又有爭合妒合之說, 何也. 如兩辛合丙, 兩丁合壬之類. 一夫不娶二妻, 一女不配二夫, 所以有爭合妒合之說. 然到底終有合意, 但情不專耳.

그러나 또한 쟁합·투합의 설이 있는데, 어떤 경우인가? 예컨대 두 개의 辛이 丙과 합하거나, 두 개의 丁이 壬을 합하는 경우이다. 한 지아비가 두 처와 장가들 수 없고, 한 여자가 두 지아비와 짝할 수 없으니, 쟁합·투합의 설이 있는 것이다. 그러나 결국은 합의 뜻이 있지만, 다만 정이 전일하지 못할 뿐이다.

若以兩合一而隔位, 則全無爭妒. 如庚午 乙酉 甲子 乙亥, 兩乙合庚, 甲日隔之. 此高太尉命, 仍作合煞留官, 無減福也.

만일 두 개가 하나를 합하는데, 위치가 떨어져 있으면, 완전히 쟁투가 없다. 예컨대 庚午 乙酉 甲子 乙亥는 두 개의 乙이 庚을 합하려고 하지만 甲일간이 쟁투를 방해하고 있다. 이것은 고태위[13]명인데, 칠살과 합을 하고 정관을 남기기 때문에 복을 줄이는 것이 없다.

---

13) 『漢典』: 태위(太尉)는 관직명으로 군사를 담당했다. 진(秦)나라 때는 전국최고 군사장관으로서 승상, 어사대부와 함께 삼공(三公)으로 불렸다. 한(漢)나라 초에는 대사마(大司馬)로 개칭되었고, 후한(後漢) 때 태위로 개칭되었다.

乙 甲 乙 庚

亥 子 酉 午

今人不知命理, 動以本身之合, 妄論得失. 便有可笑者, 書云合官
非爲貴取, 本是至論, 而或以本身之合爲合, 甚或以他支之合爲合.
如辰與酉合, 卯與戌合之類, 皆作合官. 一謬至此, 子平之傳掃地矣.

　요즘 사람들은 명리를 모르니, 자칫하면 본신의 합으로 득실을 함
부로 논한다. 즉 가소로운 것이 있으니, 『書』에서 이르기를, "정관이
합거되면 귀함을 취할 수 없다."고 했는데 원래는 지당한 논리지만,
그러나 혹자는 본신의 합도 합거된다고 여기거나, 심지어 혹자는 (일
지와) 다른 지지의 합도 합거된다고 여긴다. 예컨대 辰과 酉가 합하고
卯와 戌이 합하는 경우도 모두 정관이 합거된다는 것이다. 하나의 오
류가 이에 이르면, 자평의 전함은 없어진 것이다.

○甲○○　○癸○○

○辰酉○　○卯戌○

6. 십간 득시불왕·실시불약론(論十干得時不旺失 時不弱)

書云, 得時俱爲旺論, 失時便作衰看. 雖是至理, 亦死法也, 然亦 可活看. 夫五行之氣, 流行四時, 雖日干各有專令, 而其實專令之中, 亦有並存者在.

『書』에서 이르기를, "득령하면 모두 왕성하다고 논하고, 실령하면 곧 쇠약하다고 본다."고 했다. 비록 이것이 지극한 이치라고 하더라 도, 역시 죽은 법칙이지만, 그러나 또한 활용하여 볼 수도 있다. 오행 의 기운은 사계절을 유행하니, 비록 일간이 각각 고유의 명령을 가지 고 있더라도, 그 실은 고유의 명령 중에도 또한 병존하는 것이 있다.

假若春木司令, 甲乙雖旺, 而此時休囚之戊己, 亦未嘗絶於天地 也. 特時當退避, 不能爭先, 而其實春土何嘗不生萬物, 冬日何嘗不 照萬國乎.

가령 봄에는 木이 사령하므로 甲乙이 비록 왕성하더라도 이 계절 에 휴수인 戊己도 천지에서 끊어진 적이 없다. 특히 물러나고 피해야 할 때라면 앞을 다툴 수 없으나, 그러나 그 실은 봄의 土가 어찌 만물 을 낳지 않은 적이 있을 것이며, 겨울의 태양이 어찌 만국을 비추지 않은 적이 있겠는가?

況八字雖以月令爲重, 而旺相休囚, 年月日時亦有損益之權. 故生月卽不値令, 而年時如値祿旺, 豈便爲衰. 不可執一而論. 猶如春木雖强, 金太重而木亦危, 干庚辛而支酉丑, 無火制而不富, 逢土生而必夭, 是以得時而不旺也.

하물며 팔자에서 비록 월령을 중시하더라도 그러나 왕상휴수는 年月日時에도 덜고 보태는 권능이 있다. 그러므로 태어난 月이 득령에 해당하지 않더라도 年과 時에서 만일 祿이나 旺을 가지고 있으면 어찌 바로 쇠한 것인가? 하나만을 집착하여 논하면 안 된다. 비유하자면 봄의 木이 비록 강하더라도 金이 너무 무거우면 木도 위태로운데, 천간에 庚辛이 있고 지지에 酉丑이 있는 경우, 火의 제복이 없으면 부유하지 못하고, 土의 생을 만나면 반드시 요절하니, 이것이 득령해도 왕성하지 않은 경우이다.

辛 乙 ○ 庚

酉 丑 卯 ○

秋木雖弱, 木根深而木亦强, 干甲乙而支寅卯, 遇官透而能受, 逢水生而太過, 是失時不弱也. 干庚辛而支酉丑, 無火制而不富, 逢土生而必夭, 是以得時而不旺也. 秋木雖弱, 木根深而木亦强, 干甲乙而支寅卯, 遇官透而能受, 逢水生而太過, 是失時不弱也.

가을의 木이 비록 약하더라도 木의 뿌리가 깊으면 木도 강하니, 천간에 甲乙이 있고 지지에 寅卯가 있으면 정관의 투간을 만나도 받아들일 수 있는데, 水의 生을 만나면 너무 지나치니, 이것은 실령해도 약하지 않은 것이다.

乙 甲 辛 癸
卯 寅 酉 丑

是故十干不論月令休囚, 只要四柱有根, 便能受財官食神, 而當傷官七煞. 長生祿旺, 根之重者也, 墓庫餘氣, 根之輕者也. 得一比肩不如得支中一墓庫, 如甲逢未, 丙逢戌之類.

그러므로 십간은 월령의 휴수를 논하지 말고, 단지 사주에 뿌리가 있기만 하면 곧 재성, 정관, 식신을 받아들일 수 있으며, 그리고 상관이나 칠살도 감당할 수 있다. 長生, 祿, 旺은 뿌리가 무거운 것이고, 墓庫와 餘氣는 뿌리가 가벼운 것이다. (천간에서) 하나의 비견을 얻는 것은 지지 중에서 하나의 墓庫를 얻는 것만 못하니, 예컨대 甲이 未를 만나거나 丙이 戌을 만나는 경우이다.

○ 甲 甲 ○　　○ 甲 ○ ○　　○ 丙 丙 ○　　○ 丙 ○ ○
○ ○ ○ ○　　○ ○ 未 ○　　○ ○ ○ ○　　○ ○ 戌 ○

乙逢戌, 丁逢丑, 不作此論, 以戌中無藏木, 丑中無藏火也.

乙이 戌을 만나거나 丁이 丑을 만나는 경우는 이같이 논하지 않으니, 戌 중에는 암장된 木이 없고 丑 중에는 암장된 火가 없기 때문이다.

○乙○○　○丁○○
○○戌○　○○丑○

得二比肩, 不如得一餘氣, 如乙逢辰, 丁逢未之類.

(천간에서) 두 개의 비견을 얻는 것은 하나의 餘氣를 얻는 것만 못하니, 예컨대 乙이 辰을 만나거나 丁이 未를 만나는 경우이다.

○乙乙乙　○乙○○　○丁丁丁　○丁○○
○○○○　○○辰○　○○○○　○○未○

得三比肩, 不如得一長生祿刃, 如甲逢亥寅卯之類.

(천간에서) 세 개의 비견을 얻는 것은 하나의 長生, 祿, 陽刃을 얻는 것만 못하니, 예컨대 甲이 亥, 寅, 卯를 만나는 경우이다.

甲甲甲甲　○甲○○　○甲○○　○甲○○

○○○○　○○亥○　○○寅○　○○卯○

陰長生不作此論, 如乙逢午, 丁逢酉之類. 然亦爲有根, 比得一餘
氣.

음의 장생은 이렇게 논하지 않으니, 예컨대 乙이 午를 만나거나 丁
이 酉를 만나는 경우이다. 그러나 또한 뿌리가 있는 것이니, 하나의
여기를 얻는 것과 비할 수 있다.

蓋比劫如朋友之相扶, 通根如室家之可住, 干多不如根重, 理固
然也. 今人不知命理, 見夏水冬火, 不問有無通根, 便爲之弱. 更有
陽干逢庫, 如壬逢辰, 丙坐戌之類, 不以爲水火通根身庫, 甚至求刑
沖以開之. 此種謬書謬論, 必宜一切掃除也.

대개 비겁은 친구가 서로 돕는 것과 같고, 통근은 가정에서 살 수
있는 것과 같아서, 천간에 많은 것은 뿌리가 강한 것만 못하니 이치가
본래 그러한 것이다. 요즘 사람들은 명리를 모르니 여름 水나 겨울 火
를 보면 통근이 있는지 없는지를 불문하고 곧 그것이 약하다고 한다.
더욱이 양간이 庫를 만나는 경우가 있으면, 예컨대 壬이 辰을 만나거
나 丙이 戌에 앉은 경우에 水나 火가 자신의 庫에 통근했다고 생각하

지 않고, 심지어 刑沖으로 창고를 열 것을 찾는다. 이러한 부류의 그 롯된 책과 그릇된 이론은 마땅히 반드시 모두 청소해야 마땅하다.

○壬○○　○丙○○
○○辰○　○戌○○

7. 형충회합 해법론(論刑沖會合解法)

刑者, 三刑也, 子卯巳申之類是也. 沖者, 六沖也, 子午卯酉之類是也. 會者, 三會也, 申子辰之類是也. 合者, 六合也, 子與丑合之類是也. 此皆以地支宮分而言, 斜對爲沖, 擊射之意也. 三方爲會, 朋友之意也. 並對爲合, 比鄰之意也. 至於三刑取義, 姑且闕疑, 雖不知其所以然, 於命理亦無害也.

刑은 삼형이니 子卯, 巳申의 종류가 이것이다. 沖은 육충이니 子午, 卯酉의 종류가 이것이다. 會는 三會이니 申子辰의 종류가 이것이다. 合은 六合이니 子와 丑이 합하는 종류가 이것이다. 이들은 모두 지지의 자리로 말하는 것이다. 대각선으로 대하는 것이 沖이니, 치고 쏜다는 의미이다. 三方도 會가 되는데[14], 친구의 의미이다. 나란히 대하는 것은 合이 되는데, 이웃이라는 의미이다. 삼형이 취하는 뜻에 이르면, 잠시 의심스러운 것을 당분간 보류하는데, 비록 그 까닭을 모르더라도 명리에서는 또한 손해가 없다.

八字支中刑沖, 俱非美事, 而三合六合, 可以解之. 假如甲生酉月, 逢卯則沖, 而或支中有戌, 則卯與戌合而不沖, 有辰, 則酉與辰合而

---

14) 심효첨은 會의 범위에 지지방합도 포함시키고 있다.

不沖, 有亥與未, 則卯與亥未會而不沖, 有巳與丑, 則酉與巳丑會而
不沖, 是會合可以解沖也.

　　팔자의 지지 중에서 刑과 沖은 모두 좋은 일이 아니지만, 그러나 삼
합과 육합으로 刑과 沖을 해소할 수 있다. 가령 甲이 酉월에 태어나고
卯를 만나면 沖이 되지만, 그러나 지지 중에 戌이 있으면 卯와 戌이
합하여 沖이 되지 않고, 辰이 있으면 酉와 辰이 합하여 沖이 되지 않
으며, 亥未가 있으면 卯와 亥未가 삼합하여 沖이 되지 않고, 巳丑이
있으면 酉와 巳丑이 삼합하여 沖이 되지 않으니, 이는 삼합과 육합으
로 沖을 해소할 수 있는 것이다.

○ 甲 ○ ○　　○ 甲 ○ ○　　○ ○ ○ ○　　○ ○ ○ ○
○ 戌 酉 卯　　○ 辰 酉 卯　　未 亥 酉 卯　　巳 丑 酉 卯

　　又如丙生子月, 逢卯則刑, 而或支中有戌, 則卯與戌合而不刑, 有
丑則子與丑合而不刑, 有亥與未則卯與亥未會而不刑, 有申與辰,
則子與申辰會而不刑, 是會合可以解刑也.

　　또 예컨대 丙이 子월에 태어나 卯를 만나면 刑이 되지만, 혹 지지
중에 戌이 있으면 卯와 戌이 합하여 刑이 되지 않고, 丑이 있으면 子
와 丑이 합하여 刑이 되지 않으며, 亥未가 있으면 卯와 亥未가 삼합
하여 刑이 되지 않고, 申辰이 있으면 子와 申辰이 삼합하여 刑이 되
지 않으니, 이것이 삼합과 육합으로 刑을 해소할 수 있는 것이다.

○丙○○　○丙○○　○○○○　○丙○○

○戌子卯　丑○子卯　未亥子卯　申辰子卯

又有因解而反得刑沖者, 何也. 假如甲生子月, 支逢二卯相並, 二
卯不刑一子, 而支又逢戌, 戌與卯合, 本爲解刑, 而合去其一, 則一
合而一刑, 是因解而反得刑沖也.

또한 해소로 인하여 도리어 刑沖을 얻는 경우가 있으니, 어떤 경우
인가? 가령 甲이 子월에 태어나 지지에서 두 개의 卯가 서로 나란히
하는 것을 만나면 두 개의 卯는 하나의 子를 刑하지 못하는데, 지지에
서 또 戌을 만나 戌과 卯가 합하면 본래는 刑을 해소하지만 그중 하나
만을 합거함으로써 하나는 합하고 하나는 刑하니, 이것이 해소로 인
해 도리어 刑沖을 얻는 경우이다.

○甲○○

卯戌子卯

又有刑沖而會合不能解者, 何也. 假如午年子月, 日坐丑位, 丑與
子合, 可以解沖, 而時逢巳酉, 則丑與巳酉會而子復沖午.

또한 刑沖이 있으나 會合으로 해소할 수 없으니, 어떤 경우인가?
가령 午年 子月이고 일간이 丑의 자리에 앉으면 丑과 子는 합하여 沖
을 해소할 수 있으나, 時에서 巳酉를 만나면 丑과 巳酉는 삼합하여

子가 다시 午를 沖한다.

○○○○ ○○○○ ○○○○
○丑子午 巳丑子午 酉丑子午

子年卯月, 日坐戌位, 戌與卯合, 可以解刑, 而或時逢寅午, 則
戌與寅午會而卯復刑子, 是會合而不能解刑沖也.

子년 卯월이고 일간이 戌의 자리에 앉으면 戌과 卯는 합하여 刑을
해소할 수 있으나, 혹 時에서 寅이나 午를 만나면 戌과 寅 또는 午가
모여서 卯는 다시 子를 刑하니, 이것이 삼합이나 육합으로 刑沖을 해
소할 수 없는 경우이다.

○○○○ ○○○○ ○○○○
○戌卯子 寅戌卯子 午戌卯子

更有刑沖而可以解刑沖者, 何也. 蓋四柱之中, 刑沖俱不爲美. 而
刑沖用神, 尤爲破格, 不如以別位之刑沖, 解月令之刑沖矣. 假如丙
生子月, 卯以刑子, 而時又逢酉, 則卯與酉沖而不刑月令之官.

또한 刑沖으로써 다른 刑沖을 해소할 수 있는 경우가 있으니, 어떤
경우인가? 대개 사주 중에서 刑沖은 모두 좋게 되는 것은 아니다. 그
러나 용사신을 刑沖하면 더욱 파격이 되므로, 다른 자리의 刑沖으로

월령의 刑沖을 해소하는 것만 못할 것이다. 가령 丙이 子월에 태어나고 卯가 子를 刑하는데 時에서 또 酉를 만나면 卯와 酉가 沖하여 월령의 정관을 刑할 수 없다.

○丙○○
酉○子卯

甲生酉月, 卯日沖之, 而時逢子立, 則卯與子刑, 而月令官星, 沖之無力. 雖於別宮刑沖, 六親不無刑剋, 而月官猶在, 其格不破. 是所謂以刑沖而解刑沖也.

甲이 酉월에 태어나고 卯일지가 酉를 충하는데 時에서 子를 만나면 卯와 子가 刑하여 월령의 정관을 沖하는 것이 무력하다. 비록 다른 자리에서 형충하면 육친에게는 형극이 없지 않더라도, 月의 정관은 여전히 있으니 그 격은 파괴되지 않는다. 이것이 이른바 형충으로 형충을 해소하는 경우이다.

○甲○○
子○酉卯

8. 용사신론(論用神)

八字用神, 專求月令, 以日干配月令地支, 而生剋不同, 格局分焉.
財官印食, 此用神之善而順用之者也. 煞傷劫刃, 用神之不善而逆
用之者也. 當順而順, 當逆而逆, 配合得宜, 皆爲貴格.

팔자에서 용사신[15]은 오로지 월령에서 찾는데, 일간을 월령의 지
지와 배합하면 생극이 다르니, 격국이 거기에서 나뉜다. 재·정관·인
수·식신은 용사신이 선하니 순용하는 것이고 칠살·상관·비겁·양인
은 용사신이 선하지 않으니 역용하는 것이다. 순용해야 할 것은 순용
하는 것이 좋고, 역용해야 할 것은 역용하는 것이 좋으며, 배합이 마땅
함을 얻으면 모두 귀격이 된다.

是以善而順用之. 則財喜食神以相生, 生官以護財. 官喜透財以
相生, 生印以護官. 印喜官煞以相生, 劫才以護印. 食喜身旺以相生,
生財以護食.

따라서 선하면 순용해야 한다. 즉 재는 식신으로 상생하고 정관을

---

15) 『자평진전』에서 '用神'은 '用事之神'의 줄임말로서 사주의 전체 국을 '관장하는 신', '사
령하는 신'이라는 의미이다. 이하 '용사신'으로 해석한다.

생함으로써 재를 보호하면 좋다. 정관은 투간된 정재로서 상생하고 인수를 생함으로써 정관을 보호하면 좋다. 인수는 정관과 칠살로써 상생하고 겁재[16]로 인수를 보호하면 좋다. 식신은 일간이 왕성함으로써 상생하고 재를 생함으로써 식신을 보호하면 좋다.

不善而逆用之. 則七煞喜食神以制伏, 忌財印以資扶. 傷官喜佩印以制伏, 生財以化傷. 陽刃喜官煞以制伏, 忌官煞之俱無. 月劫喜透官以制伏, 利用財而透食以化劫. 此順逆之大略也.

선하지 않으면 역용한다. 즉 칠살은 식신으로 제복하는 것을 좋아하고, 재나 인수로 돕는 것을 꺼린다. 상관은 인수를 차고 있음으로써 제복하거나 재를 생함으로써 상관을 인화시키는 것을 좋아한다. 양인은 정관이나 칠살로 제복하는 것을 좋아하고 정관이나 칠살이 모두 없는 것을 꺼린다. 월겁은 투간된 정관으로 제복하는 것을 좋아하고, 재를 쓸 때는 투간된 식신으로 겁재를 인화시키면 이롭다. 이것이 순용과 역용의 대략이다.[17][18]

---

16) 劫才와 劫財는 혼용하고 있다.

17) 서자평의 『明通賦』에서는 "오행이 임관이나 제왕의 방향으로 향하면 공을 이루고, 격국을 이루면 지극히 귀하다. 정관, 인수, 재, 식신은 길하니 평정하게 따르면 좋고, 칠살, 상관, 편인, 패재는 흉하니 전환시켜 쓰면 복이 된다(向官旺以成功, 入格局而致貴. 官印財食爲吉, 平定遂良, 煞傷梟敗爲凶, 轉用爲福)."고 했다.

18) 진소암의 『命理約言』에서는 "정관격·식신격·편재격·편인격 계통이면 그것을 생하거나 도우면 좋고, 편관격·상관격 계통이면 그것을 제복하거나 변화시키면 좋다(係正官·食神·偏財·偏印則宜生之助之, 係偏官·傷官則宜制之化之)."고 했다.

今人不知專主提綱, 然後將四柱干支字字統歸月令以觀喜忌. 甚至見正官佩印, 則以爲官印雙全, 與印綬用官者同論.

요즘 사람들은 오로지 제강을 위주로 한 뒤에 사주 간지의 글자와 글자를 월령에 통합하여 귀속시키고 희기를 살펴야 하는 것을 모른다. 심지어 정관격이 인수를 찬 것을 보고 정관과 인수가 둘 다 온전하다고 여기면서, 인수격이 정관을 쓰는 것과 똑같이 논한다.[19]

見財透食神, 不以爲財逢食生, 而以爲食神生財, 與食神生財同論.

재격에서 식신이 투간된 것을 보면 재격이 식신의 생을 만난 것으로 여기지 않고, 식신이 재를 생한다고 여기면서 식신생재격과 똑같이 논한다.

見偏印透食, 不以爲洩身之秀, 而以爲梟神奪食, 宜用財制, 與食神逢梟同論.

---

19)『命理約言』: 정격은 서로 겸하지 않는 경우가 없는데, 정관이나 칠살은 반드시 인수나 재를 겸하고, 인수나 재는 반드시 정관이나 칠살을 겸하며, 식신이나 상관은 반드시 인수나 재를 겸하니 추론함에 반드시 자세히 살피고 취함에 반드시 정확해야 한다. (…) 정관격이 인수를 겸하면 관인격, 재를 겸하면 재관격이라 한다. (…) 인수격이 정관을 겸하면 관인격, 칠살을 겸하면 살인격이라 한다.(凡正格未有不相兼者, 官殺必兼印財, 印財必兼官殺, 食傷必兼印財, 推之須詳, 取之須確. (…) 正官格, 兼印曰官印格, 兼財曰財官格. (…) 印格, 兼官曰官印格, 兼殺曰殺印格.)

편인격이 투간된 식신을 보면, 일간의 빼어남을 발산시킨다고 여기지 않고, 편인이 식신을 빼앗으므로 마땅히 재를 써서 제복해야 한다고 여기면서 식신격이 편인을 만나는 것과 똑같이 논한다.

見煞逢食制而露印者, 不爲去食護煞, 而以爲煞印相生, 與印綬逢煞者同論.

칠살격이 식신의 제복을 만나고 투간된 인수를 보면 (인수가) 식신을 없애서 칠살을 보호한다고 생각하지 않고, 살인상생으로 여기면서 인수격이 칠살을 만나는 것과 똑같이 논한다.

更有煞格逢刃, 不以爲刃可幫身制煞, 而以爲七煞制刃, 與陽刃露煞者同論. 此皆由不知月令而妄論之故也.

또한 칠살격이 양인을 만나면 양인이 일간을 도와 칠살을 제복할 수 있다고 여기지 않고, 칠살이 양인을 제복한다고 여기면서 양인격이 칠살을 드러낸 것과 똑같이 논한다. 이것은 모두 월령을 모르고 함부로 논하기 때문이다.

然亦有月令無用神者, 將若之爲何. 如木生寅卯, 日與月同, 本身不可爲用, 必看四柱有無財官煞食透干會支, 另取用神. 然終以月令爲主, 然後尋用, 是建祿月劫之格, 非用而卽用神也.

그러나 또한 월령에 용사신이 없는 경우가 있으니, 장차 그와 같으면 어떻게 하는가? 예컨대 木이 寅卯월에 태어나 일간과 월령이 같으면 본신은 용사신이 될 수 없으므로, 반드시 사주에서 재관살식의 투간과 지지삼합의 유무를 살펴서 별도로 용사신을 취한다. 그러나 결국은 월령을 위주로 한 뒤에 용사신을 찾으니, 이것이 건록월겁격이며 용사신이 아닌 것 같지만 곧 용사신인 것이다.

9. 용사신 성패 구응론(論用神成敗救應)

用神專尋月令, 以四柱配之, 必有成敗. 何謂成. 如官逢財印, 又
無刑衝破害, 官格成也.

용사신은 오로지 월령에서 찾는데 사주를 용사신에 배합하면 반드
시 성격과 패격이 있다. 어떤 것을 성격이라고 말하는가? 예컨대 정관
격이 재와 인수를 만나고 형충파해가 없으면 정관격은 성격이 된다.

財旺生官, 或財逢食生而身強帶比, 或財格透印而位置妥帖, 兩
不相剋, 財格成也.

재격이 왕성하여 정관을 생하거나,[20] 혹은 재격이 식신의 생을 만
났는데 일간이 강하거나 비견을 가지고 있거나, 혹은 재격에서 정인
이 투간되었지만 위치가 적절하여 두 개가 상극하지 않으면 재격은
성격이 된다.

印輕逢煞, 或官印雙全, 或身印兩旺而用食傷洩氣, 或印多逢財

---

20) 무릉출판사 관본에는 財生官旺로 되어 있으나, 뒤의 成中有敗의 설명이나 재격에 관
한 내용은 모두 財旺生官으로 되어 있으므로, 여기서는 財旺生官의 오류로 보는 것이
타당해 보인다.

而財透根輕, 印格成也.

인수격이 약한데 혹 칠살을 만나거나, 혹은 정관과 인수가 둘 다 온전하거나, 혹은 일간과 인수가 둘 다 왕성한데 식신이나 상관을 써서 기운을 발산하거나, 혹은 인수가 많고 재를 만나는데 재가 투간되었지만 뿌리가 약하면 인수격은 성격이 된다.

食神生財, 或食帶煞而無財, 棄食就煞而透印, 食格成也.

식신격이 재를 생하거나, 혹은 식신격이 칠살을 가지고 있는데 재가 없거나, 혹은 식신을 버리고 칠살을 취하는데 인수를 투간시키면 식신격은 성격이 된다.

身強七煞逢制, 煞格成也.

일간이 강하고 칠살이 제복을 만나면 칠살격이 성립된다.

傷官生財, 或傷官佩印而傷官旺, 印有根, 或傷官旺身主弱而透煞印, 或傷官帶煞而無財, 傷官格成也.

상관격이 재를 생하거나, 혹은 상관격이 인수를 차고 있는데 상관이 왕성하지만 인수가 뿌리가 있거나, 혹은 상관격이 왕성하고 일간이 약한데 칠살과 인수가 투간되거나, 혹은 상관격에서 칠살이 있고 정재가 없으면 상관격은 성격이 된다.

陽刃透官煞而露財印, 不見傷官, 陽刃格成也.

양인격에서 정관이나 칠살이 투간되고 재나 인수가 투간되었는데, 상관을 보지 않으면 양인격은 성격이 된다.

建祿月劫, 透官而逢財印, 透財而逢食傷, 透煞而遇制伏, 建祿月劫之格成也.

건록월겁격에서 정관이 투간되었는데 재나 인수를 만나거나, 재가 투간되었는데 식신이나 상관을 만나거나, 칠살이 투간되었는데 제복을 만나면 건록월겁격은 성격이 된다.

何謂敗. 官逢傷剋刑沖, 官格敗也.

어떤 것을 패격이라고 하는가? 정관격이 상관의 극이나 형·충을 만나면 정관격은 패격이 된다.

財輕比重, 財透七煞, 財格敗也.

재격이 약한데 비겁이 강하거나, 재격에서 칠살을 투간시키면 재격은 패격이 된다.

印輕逢財, 或身強印重而透煞, 印格敗也.

인수격이 약한데 재를 만나거나, 혹 일간이 강하고 인수가 강한데 칠살이 투간되면 인수격은 패격이 된다.

食神逢梟, 或生財露煞, 食神格敗也.

식신격이 편인을 만나거나, 혹은 재를 생하면서 칠살을 투간시키면 식신격은 패격이 된다.

七煞逢財無制, 七煞格敗也.

칠살격이 재를 만나고 제복이 없으면 칠살격은 패격이 된다.

傷官非金水而見官, 或生財而帶煞, 或佩印而傷輕身旺, 傷官格敗也.

상관격이 金水 상관이 아니면서 정관을 보거나, 혹은 재를 생하면서 칠살을 가지거나, 혹은 인수를 차고 있는데 상관이 약하고 일간이 왕성하면 상관격은 패격이 된다.

陽刃無官煞, 刃格敗也.

양인격이 정관이나 칠살이 없으면 양인격은 패격이 된다.

建祿月劫, 無財官, 透煞印, 建祿月劫之格敗也.

건록월겁격이 재나 정관이 없고 칠살이나 인수가 투간되면 건록월 겁격은 패격이 된다.

成中有敗, 必是帶忌, 敗中有成, 全憑救應. 何謂帶忌. 如正官逢 財而又逢傷, 透官而又逢合.

성격 가운데에서도 패격이 되는 것은 반드시 기신을 가진 경우이고, 패격 가운데 성격이 되는 것은 오로지 구응에 의지한 경우이다. 어떤 것이 기신을 가진 경우인가? 예컨대 정관격이 재를 만났는데 또 상관을 만나거나, 정관이 투간되었는데 또 합을 만난 경우이다.

財旺生官而又逢傷逢合.

재격이 왕성하고 정관을 생하는데 또 상관을 만나거나 합을 만난 경우이다.

印透食以洩氣而又遇財露, 透煞以生印而又透財, 以去印存煞.

인수격에서 투간된 식신으로 기를 발산하고 있는데 또 재가 투간되거나, 또는 투간된 칠살이 인수를 생하고 있는데 또 재가 투간되어 인수를 제거하고 칠살을 남기는 경우이다.

食神帶煞印而又逢財.

식신격이 칠살과 인수를 가지고 있는데 또 재를 만나는 경우이다.

七煞逢食制而又逢印.

칠살격이 식신의 제복을 만나고 있는데 또 인수를 만나는 경우이다.

傷官生財而財又逢合, 佩印而印又遭傷.

상관격이 재를 생하고 있는데 재가 또 합을 만나거나, 또는 인수를 차고 있는데 인수가 또 상관을 만나는 경우이다.

陽刃透官而又被傷, 透煞而被合.

양인격에서 정관이 투간되었는데 또 (상관에게) 상하거나, 칠살이 투간되었는데 (칠살이) 합을 당하는 경우이다.

建祿月劫透官而又逢傷, 透財而逢煞. 是皆謂之帶忌也.

건록월겁격에서 정관이 투간되었는데 또 상관을 만나거나, 재가 투간되었는데 칠살을 만나는 경우이다. 이들은 모두 꺼리는 것을 가졌다고 말한다.

何謂救應. 如官逢傷而透印以解之, 雜煞而合煞以清之, 刑沖而會合以解之.

어떤 것을 구응이라 하는가? 예컨대 정관격이 상관을 만났는데 투간된 인수로 상관을 해소하거나, 칠살과 섞여 있는데 칠살을 합함으로써 정관을 맑게 하거나, 형충하고 있는데 삼합이나 육합으로 형충을 해소하는 경우이다.

財逢劫而透食以化之, 生官以制之, 逢煞而食神制煞以生財, 或存財而合煞.

재격이 겁재를 만났는데 투간된 식신으로 겁재를 변화시키거나, 정관을 생함으로써 겁재를 제복시키거나, 칠살을 만났는데 식신으로 제살함으로써 재를 생하거나, 혹은 재를 남기고 칠살을 합거하는 경우이다.

印逢財而劫財以解之, 或合財而存印.

인수격에서 재를 만났는데 겁재로 그것을 해소하거나, 혹은 재를 합거하고 인수를 남기는 경우이다.

食逢梟而就煞以成格, 或生財以護食.

식신격에서 편인을 만났는데 칠살을 취하여 (식신제살)격을 이루거나, 혹은 재를 생함으로써 식신을 보호하는 경우이다.

煞逢食制印來護煞, 而逢財以去印存食.

칠살격이 식신의 제복을 만나는데 인수가 와서 칠살을 보호하거나, 그리고 재를 만남으로써 인수를 제거하고 식신을 남기는 경우이다.

傷官生財透煞而煞逢合.

상관생재격에서 칠살이 투간되었는데, 칠살이 합을 당하는 경우이다.

陽刃用官煞而帶食傷, 而重印而護之.

양인격에서 정관이나 칠살을 쓰는데 식신이나 상관을 가지고 있지만 인수가 무거워 정관이나 칠살을 보호하는 경우이다.

建祿月劫用官, 遇傷而逢合, 用財帶煞而煞被合. 是謂之救應也.

건록월겁격에서 정관을 쓰는데 상관을 만났지만 상관이 합거를 당하거나, 재를 쓰는데 칠살을 만났지만 칠살이 합거를 당하는 경우이다. 이들을 구응이라 한다.

八字妙用, 全在成敗救應, 其中權輕權重, 甚是活潑, 學者從此留心, 能於萬變中融以一理, 則於命之一道, 其庶幾乎.

팔자에서 오묘한 작용은 오로지 성격·패격과 구응에 달려 있고, 그중 권능이 가볍고 무거운 것이 아주 활발하니, 배우는 사람들은 이에 따라 주의를 기울여서, 수많은 변화 가운데에서 하나의 이치로 융합할 수 있으면, 命이라는 하나의 道에 거의 가까울 것이다.

10. 용사신 변화론(論用神變化)

用神旣主月令矣, 然月令所藏不一, 而用神遂有變化. 如十二支中, 除子午卯酉外, 餘皆有藏, 不必四庫也. 即以寅論, 甲爲本主, 如郡之有府, 丙其長生, 如郡之有同知, 戊亦長生, 如郡之有通判. 假使寅月爲提, 不透甲而透丙, 則如知府不臨郡, 而同知得以作主. 此變化之由也. 故若丁生亥月, 本爲正官, 支全卯未, 則化爲印.

용사신은 이미 월령을 위주로 하는데, 그러나 월령이 암장하고 있는 것은 하나가 아니니, 용사신이 마침내 변한다. 예컨대 12지지 중에서 子午卯酉를 제외한 나머지는 모두 암장하고 있는 것이 있으니, 반드시 4庫만 그런 것이 아니다. 즉 寅으로 논하면, 甲은 본주이니 군청에 지부[21]가 있는 것과 같고, 丙은 그 장생이니 군청에 동지[22]가 있는 것과 같으며, 戊도 장생이니 군청에 통판[23]이 있는 것과 같다. 가

---

21) 『漢典』: 관직명으로 명·청 양대에 한 부의 행정장관이다(职官名. 为明清两代一府的行政长官).

22) 『漢典』: 관직명으로 정관의 副를 가르킨다. 한 가지 일을 주관하되 정관의 명을 받지 않으니 그것을 일러 지모사라고 한다. 예컨대 송대에는 추밀원사로 하지 않고 지추밀원사로 불리었고 부사이면 동지로 불리었다. 요·금나라 이후에는 이러한 관습에 따라 부의 주관을 지부라 부르고 부의 좌관으로 동지를 삼았다(职官名. 指正官之副. 凡主管一事而不授以正官之名, 则谓之知某事, 如宋代不以枢密院使授人, 则称为知枢密院事, 副使则称为同知. 辽·金以后, 沿此习惯, 如府之主官称知府, 而以府之佐官为同知)

23) 『漢典』: 관직명으로 宋나라 초 각 지역의 권세가 지나치게 큰 번진을 견제하고 균형을 잡기 위해 조정에서 통판을 府나 州의 군사로 파견하였는데, 지방장관과 공동으로 정무

령 寅월이 제강인데 甲이 투간되지 않고 丙이 투간되면 지부가 군청에 부임하지 않고 동지가 부임하여 주인이 되는 것이니, 이것이 변하는 이유이다. 그러므로 만일 丁이 亥월에 태어나면 본래는 정관격이지만 지지에 卯未가 온전하면 변하여 인수격이 된다.

○丁○○　○丁○○
○○亥○　○卯亥未

己生申月, 本屬傷官, 藏庚透壬, 則化爲財. 凡此之類皆用神之變化也.

己가 申월에 태어나면 본래는 상관격이지만 庚이 암장되고 壬이 투간되면 변하여 재격이 된다. 이 같은 종류는 모두 용사신이 변하는 것이다.

○己○○　○己壬○
○○申○　○○申○

變之而善, 其格愈美. 變之不善, 其格遂壞, 何謂變之而善. 如辛生寅月, 逢丙而化財爲官. 如此之類, 不可勝數, 皆變之善者也.

를 관장하거나 군사 및 백성들의 소송을 관장했다.(职官名. 宋初, 为制衡各地权势过大的藩镇, 乃派朝臣通判府·州的军事, 和地方主官共同管理政事

용사신이 변해서 선하면 그 격이 더욱 좋지만, 용사신이 변해서 선하지 않으면 그 격은 결국 파격이 된다. 어떤 것을 변하여 선하다고 하는가? 예컨대 辛이 寅월에 태어나 丙이 투간되면 재격이 변하여 정관격이 된다.

○ 辛 丙 ○
○ ○ 寅 ○

壬生戌月逢辛而化煞爲印.

壬이 戌월에 태어나 辛이 투간되면 칠살격이 변하여 인수격이 된다.

○ 壬 辛 ○
○ ○ 戌 ○

癸生寅月, 藏甲透丙, 會午會戌, 則化傷爲財, 卽使透官, 可作財旺生官論, 不作傷官見官.

癸가 寅월에 태어나면 甲이 암장되고 丙이 투간되거나, 午戌과 삼합이 되면 상관격이 변하여 재격이 된다. 설령 정관이 투간되면 재왕생관이 될 수 있다고 논하지 상관견관이 된다고 여기지 않는다.

○ 癸 丙 ○   ○ 癸 ○ ○   ○ 癸 戌 ○

○○寅○　戊○寅午　戊○寅午

乙生寅月, 透戊爲財, 會午會戌, 則月劫化爲食傷.

乙이 寅월에 태어나 戊가 투간되면 재격이 되지만 午戌과 삼합하
면 월겁격이 변하여 식상격이 된다.

○乙戊○　○乙戊○
○○寅○　戊○寅午

이와 같은 경우는 셀 수 없으니 모두 변한 것이 선한 경우이다.

何謂變之而不善. 如丙生寅月, 本爲印綬, 甲不透干而會午會戌,
則化爲劫.

어떤 것을 격이 변하여 선하지 않다고 하는가? 예컨대 丙이 寅월에
태어나면 본래는 인수격이지만, 甲이 투간되지 않고 午戌과 삼합을
하면 월겁격이 된다.

○丙甲○　○丙○○
○○寅○　○戊寅午

丙生申月, 本屬偏財, 藏庚透壬, 會子會辰, 則化爲煞. 如此之類

亦多, 皆變之不善者也.

丙이 申월에 태어나면 본래는 편재에 속하지만, 庚에 암장된 壬이 투간되거나, 子辰과 삼합하면 변해서 칠살격이 된다. 이와 같은 경우도 많으니 모두 변한 것이 선하지 않은 경우이다.

○丙○○　○丙壬○　○丙○○
○○申○　○○申○　○子申辰

又有變之而不失本格者. 如辛生寅月, 透丙化官, 而又透甲, 格成正財, 正官乃其兼格也.

또한 용사신이 변하지만 본래의 격을 잃지 않는 경우도 있다. 예컨대 辛이 寅월에 태어나고 丙이 투간되면 정관격으로 변하지만 또 甲이 투간되면 정재격[24]을 이루니, 정관격은 이에 겸하는 격이 된다.[25]

○辛丙○　○辛丙甲
○○寅○　○○寅○

乙生申月, 透壬化印, 而又透戊, 則財能生官, 印逢財而退位, 雖

---

24) 여기서는 재격을 정재격으로 나누고 있다.
25) 지장간이 동시에 투간되면 본기 위주로 격국을 판단하고 있음을 알 수 있다.

通月令, 格成正官, 而印爲兼格.

乙이 申월에 태어나 壬이 투간되면 (정관격이) 인수격으로 변하는
데, 그러나 또 戊가 투간되면 財는 정관을 생할 수 있으니, 인수격이
재를 만나면 자리에서 물러나는 것이며, 비록 월령에 통근하더라도
격은 정관격을 이루고 인수격을 겸하는 것이다.

癸生寅月, 透丙化財, 而又透甲, 格成傷官而戊官忌見.

癸가 寅월에 태어나 丙이 투간되면 (상관격이) 재격으로 변하는데,
그러나 또 甲이 투간되면 격은 상관격을 이루니, 戊정관이 보이는 것
을 꺼린다.

丙生寅月, 午戌會劫, 而又或透甲, 或透壬, 則仍爲印而格不破.

丙이 寅월에 태어나 午戌과 삼합하면 월겁격이 되는데, 그리고 또
혹시 甲이 투간되고 혹시 壬이 투간되면 여전히 인수격이고 격이 파

괴되지 않는다.

○丙○○ ○丙○○ ○丙甲壬
○○寅○ ○午寅戌 ○午寅戌

丙生申月, 逢壬化煞, 而又透戊, 則食神能制煞生財, 仍爲財格,
不失富貴.

丙이 申월에 태어나 壬을 만나면 (재격이) 칠살격으로 변하는데,
그러나 또 戊가 투간되면 식신이 칠살을 제복하고 재를 생할 수 있으
니 여전히 재격이며 부귀를 잃지 않는다.

○丙壬○ ○丙壬戊
○○申○ ○○申○

如此之類甚多, 是皆變而不失本格者也. 是故八字非用神不立,
用神非變化不靈. 善觀命者, 必於此細詳之.

이와 같은 부류는 매우 많으니, 이는 모두 용사신이 변하지만 본래
의 격을 잃지 않는 경우이다. 따라서 팔자는 용사신이 아니면 설 수 없
고, 용사신이 변하지 않으면 영험하지 않다. 명을 잘 보려는 사람은 반
드시 여기에서 용사신을 자세히 헤아려야 한다.

11. 용사신 순잡론(論用神純雜)

用神既有變化, 則變化之中, 逐分純雜, 純者吉, 雜者凶. 何謂純. 互用兩相得者是也. 如辛生寅月, 甲丙並透, 財與官相生, 兩相得也.

용사신에 이미 변화가 있으면 변화 중에서도 결국 순한 것과 잡된 것으로 나뉘는데, 순한 것은 길하지만 잡된 것은 흉하다.
어떤 것을 순이라 하는가? 서로 넘나들며 쓰면서 양쪽이 서로 얻는 것이 이것이다. 예컨대 辛이 寅월에 태어나 甲과 丙이 함께 투간되면 정재격과 정관격은 상생하니 양쪽이 서로 얻는다.

○ 辛 甲 丙
○ ○ 寅 ○

戊生申月, 庚壬並透, 財與食相生, 兩相得也.

戊가 申월에 태어나 庚과 壬이 함께 투간되면 편재격과 식신격은 상생하니 양쪽이 서로 얻는다.

○ 戊 庚 壬
○ ○ 申 ○

癸生未月, 乙己並透, 煞與食相剋, 相剋而得其當, 亦兩相得也. 如此之類, 皆用神之純者.

癸가 未월에 태어나 乙과 己가 함께 투간되면, 칠살격과 식신격은 서로 극하지만, 상극함으로써 마땅함을 얻으니, 또한 양쪽이 서로 얻는 것이다. 이와 같은 경우는 모두 용사신이 순한 것이다.

○癸乙己
○○未○

何謂雜. 互用而兩不相謀者是也. 如壬生未月, 乙己並透, 官與傷相剋, 兩不相謀也.

어떤 것을 잡이라 하는가? 서로 넘나들면서 쓰지만 양쪽이 서로 도모하지 못하는 것이다. 예컨대 壬이 未월에 태어나 乙과 己가 함께 투간되면 정관격과 상관격은 서로 극하니 양쪽이 서로 도모하지 못하는 것이다.

○壬乙己
○○未○

甲生辰月, 戊壬並透, 印與財相剋, 亦兩不相謀也.

甲이 辰월에 태어나 戊와 壬이 함께 투간되면 인수격과 재격은 서로 극하니, 또한 양쪽이 서로 도모하지 못하는 것이다.

○ 甲 戊 壬
○ ○ 辰 ○

如此之類, 皆用之雜者也. 純雜之理, 不出變化, 分而疏之, 其理愈明, 學命者不可不知也.

이와 같은 부류는 모두 용사신이 잡된 것이다. 순잡의 이치는 변화를 벗어나지 않으므로, 나누어 변화와 통하면, 그 이치는 더욱 명확해지니, 명을 배우는 사람들은 모르면 안 된다.

12. 용사신 격국 고저론(論用神格局高低)

八字既有用神, 必有格局, 有格局必有高低. 財官印食煞傷劫刃, 何格無貴. 何格無賤. 由極貴而至極賤, 萬有不齊, 其變千狀, 豈可言傳. 然其理之大綱, 亦在有情無情有力無力之間而已.

팔자에 이미 용사신[26]이 있으면, 반드시 격국이 있고, 격국이 있으면 반드시 높고 낮음이 있다. 재격, 정관격, 인수격, 식신격, 칠살격, 상관격, 녹겁격, 양인격에서 어떤 격이 귀하지 않겠는가? 어떤 격이 천함이 없겠는가? 지극히 귀한 것부터 지극히 천한 것까지 만 가지가 같지 않고 그 변화가 천 가지 형상이니, 어찌 말로 전할 수 있겠는가? 그러나 그 이치의 대강은 역시 유정·무정과 유력·무력의 사이에 달려 있을 뿐이다.

如正官佩印, 不如透財, 而四柱帶傷, 反推佩印. 故甲透酉官, 透丁合壬, 是謂合傷存官, 遂成貴格, 以其有情也.

---

26) 『자평진전』에서 體는 3번 나오지만, 모두 체용론의 體로 보기에는 무리가 있다(如論干支, 則不知陰陽之理, 而以俗書體象歌訣爲確論. (…) 試以諸格論之, 有取五行一方秀氣者, 取甲乙全亥卯未·寅卯辰, 又生春月之類, 本是一派劫財, 以五行各得其全體, 所以成格, 喜印露而體純). 『자평진전』에서 체용론 또는 본말론으로 설명한 것으로는 제29장의 "월령은 근본이고 외격은 말단이다(月令, 本也, 外格, 末也)."가 있다.

예컨대 정관격에서 인수를 찬 것은 재가 투간된 것만 못하지만, 사주에 상관이 있으면 오히려 인수를 찬 것을 받든다. 그러므로 甲일간으로서 酉정관이 투간되고 투간된 丁이 壬과 합하면, 이것은 상관을 합거하고 정관을 남긴다고 말하며, 마침내 귀격을 이루는데 그것이 유정하기 때문이다.

辛 甲 丁 壬
○○ 酉 ○

財忌比劫, 而與煞作合, 劫反爲用. 故甲生辰月, 透戊成格, 遇乙爲劫, 逢庚爲煞, 二者相合, 皆得其用, 遂成貴格, 亦以其有情也.

재격은 비겁을 꺼리는데, 그러나 칠살과 합을 하면 비겁은 오히려 쓸모 있다. 따라서 甲이 辰월에 태어나고 戊가 투간되어 재격을 이루었는데, 乙을 만나면 겁재가 되고 庚을 만나면 칠살이 되지만, 둘이 서로 합하면 모두 그 쓰임을 얻어 마침내 귀격을 이루니 또한 그것이 유정하기 때문이다.

戊 甲 庚 乙
○○ 辰 ○

身强煞露而食神又旺, 如乙生酉月, 辛金透, 丁火剛, 秋木盛, 三者皆備, 極等之貴, 以其有力也.

일간이 강한데 칠살이 투간되고 식신이 또한 왕성한 경우, 예컨대 乙이 酉월에 태어나 辛金이 투간되고 丁火가 강하며 가을 木이 왕성하면, 세 가지가 모두 겸비되어 최상의 귀격이 되는데 그것이 유력하기 때문이다.

丁 乙 辛 ○
未 卯 酉 ○

官強財透, 而身逢祿刃, 如丙生子月, 癸水透, 庚金露, 而坐寅午, 三者皆均, 遂成大貴, 亦以其有力也.

정관이 강하고 재가 투간되었는데 일간이 건록이나 양인을 만나는 경우, 즉 丙이 子월에 태어나 癸水가 투간되고 庚金이 투간되었는데, 일지가 寅이나 午이면 세 가지가 모두 균형을 이루어 마침내 크게 귀하게 되니, 또한 그것이 유력하기 때문이다.

○ 丙 癸 庚   ○ 丙 癸 庚
○ 寅 子 ○   ○ 午 子 ○

又有有情而兼有力, 有力而兼有情者. 如甲用酉官, 壬合丁以淸官, 而壬水根深, 是有情而兼有力者也.

또한 유정하면서 유력을 겸하거나, 유력하면서 유정을 겸하는 경우

가 있다. 예컨대 甲이 酉정관을 쓰는 경우, 壬이 丁과 합하면 정관격
이 맑아지는데, 그리고 壬水의 뿌리도 깊으면, 이는 유정하면서 유력
을 겸하는 것이다.

○甲丁壬
○○酉子

乙用酉煞, 辛逢丁制, 而辛之祿即丁之長生, 同根月令, 是有力而
兼有情者也, 是皆格之最高者也.

乙이 酉칠살을 쓰는 경우, 辛이 丁의 제복을 만나는데, 그러나 辛
의 祿이 곧 丁의 長生이고, 똑같이 월령에 통근하니, 이는 유력하면서
유정을 겸하는 것으로, 이것은 모두 격이 가장 높은 것이다.

○乙辛丁
○○酉○

如甲用酉官, 透丁逢癸, 癸剋不如壬合, 是有情而非情之至.

예컨대 甲이 酉정관을 쓰는데 투간된 丁이 癸를 만나 癸에게 극을
당하는 것은 壬과 합하는 것만 못하니, 이는 유정하지만 정이 지극한
것은 아니다.

○甲丁癸　○甲丁壬
○○酉○　○○酉○

乙逢酉煞, 透丁以制, 而或煞强而丁稍弱, 丁旺而煞不昂, 又或辛
丁並旺而乙根不甚深, 是有力而非力之全, 格之高而次者也.

乙이 酉칠살을 만나 투간된 丁이 극하는 경우, 혹 칠살은 강한데
丁이 조금 약하거나, 丁은 왕성한데 칠살이 강하지 않거나, 또한 혹은
辛과 丁이 다 왕성하지만 乙의 뿌리가 아주 깊지 않으면, 이것은 유력
이지만 힘이 온전하지 않으니, 격은 높지만 그다음이다.

○乙丁○
○○酉○

至如印用七煞, 本爲貴格, 而身强印旺, 透煞孤貧. 蓋身旺不勞印
生, 印旺何勞煞助. 偏之又偏, 以其無情也.

예컨대 인수격이 칠살을 쓰는 경우에 이르면, 본래 귀격이지만, 일
간도 강하고 인수도 왕성한데 칠살이 투간되면 고독하고 가난하다.
대개는 일간이 왕성하면 인수의 생이 필요 없고, 인수가 왕성하면 왜
칠살의 도움의 도움을 위해 애쓰겠는가? 치우친 것이 또 치우쳐서 그
것이 무정하기 때문이다.

傷官佩印, 本秀而貴, 而身主甚旺, 傷官甚淺, 印又太重, 不貴不秀. 蓋欲助身則身强, 制傷則傷淺, 要此重印何用. 是亦無情也.

상관패인격은 본래 빼어나고 귀하지만, 일간이 매우 왕성하고 상관이 매우 약한데 인수가 또 지나치게 무거우면 귀하지도 않고 빼어나지도 않다. 대개 (인수가) 일간을 돕고자 하면 일간이 더 강해지고, (인수가) 상관을 제복하면 상관이 더 약해지는데, 이렇게 무거운 인수가 어떤 용도로 필요하겠는가? 이 또한 무정한 것이다.

又如煞强食旺而身無根, 身强比重而財無氣, 或夭或貧, 以其無力也. 是皆格之低而無用者也.

또 예컨대 칠살이 강하고 식신도 왕성한데 일간이 뿌리가 없거나, 일간이 강하고 비견이 무거운데 재가 무기하면, 요절하지 않으면 가난하니, 그것은 무력하기 때문이다. 이들은 모두 격이 낮고 쓸모없는 것이다.

然其中高低之故, 變化甚微, 或一字而有千鈞之力, 或半字而敗全局之美, 隨時觀理, 難以擬議. 此特大略而已.

그러나 그중에서도 높고 낮음으로 인해 변화가 아주 미묘하니, 간

혹 한 글자로도 천 균[27]의 힘이 있기도 하고, 간혹 반 글자로도 전체 局의 아름다움을 깨기도 하므로, 때에 따라 이치를 살펴서 어렵게 헤아려 의논해야 한다. 이는 다만 대략일 뿐이다.

---

27) 1鈞은 30근이다.

13. 용사신 성패 인과론(論用神因成得敗因敗 得成)

八字之中, 變化不一, 遂分成敗. 而成敗之中, 又變化不測, 遂有 因成得敗, 因敗得成之奇. 是故化傷爲財, 格之成也. 然辛生亥月, 透丁爲用, 卯未會財, 乃以黨煞, 因成得敗矣.

팔자 가운데 (용사신의) 변화는 한결같지 않으니 결국 성격과 패격 으로 나뉜다. 그러나 성격과 패격 중에도 또한 변화를 예측할 수 없으 며, 결국 성격으로 인해 패격이 되는 경우도 있고, 패격으로 인해 성격 을 얻는 기이함이 있다. 그러므로 상관격이 변해서 재가 되면 격은 성 격이 된다. 그러나 辛이 亥월에 태어나 투간된 丁을 용사신으로 삼는 데, 卯未와 삼합하여 (칠살격이) 재격으로 변하면 곧 칠살을 도우니, (재격의) 성격으로 인해 (칠살격은) 패격이 될 것이다.

○辛丁○　○辛丁○
○○亥○　○卯亥未

印用七煞, 格之成也. 然癸生申月, 秋金重重, 略帶財以損太過, 逢煞則煞印忌財, 因成得敗也. 如此之類, 不可勝數, 皆因成得敗之 例也.

인수격이 칠살을 쓰면 격은 성격이 된다. 그러나 癸가 申월에 태어났는데 가을 金이 중중하여 대략 재를 가지고 있음으로써 태과를 덜어주고 있으나, 칠살을 만나면 칠살과 인수는 재를 꺼리기 때문에, 성격으로 인해 패격이 된다. 이와 같은 경우는 셀 수 없으니 모두 성격으로 인해 패격이 되는 예이다.

○ 癸 ○ 丙

○ 酉 申 午

官印逢傷, 格之敗也. 然辛生戊戌月, 年丙時壬, 壬不能越戊剋丙, 而反能洩身爲秀, 是因敗得成矣.

관인격이 상관을 만나면 격은 패격이 된다. 그러나 辛이 戊戌월에 태어나고 연간이 丙이고 시간이 壬이면, 壬은 戊를 넘어 丙을 제복할 수 없으므로, 오히려 일간을 발산시켜 빼어나게 되니, 이는 패격으로 인해 성격이 될 것이다.

壬 辛 戊 丙

○○ 戊 ○

煞刃逢食, 格之敗也. 然庚生酉月, 年丙月丁, 時上逢壬, 則食神合官留煞, 而官煞不雜, 煞刃局清, 是因敗得成矣.

煞刃격이 식신을 만나면 격은 패격이 된다. 그러나 庚이 酉월에 태어나고 연간이 丙, 월간이 丁, 시간에서 壬을 만나면 식신이 정관을 합거하고 칠살을 남기니, 관살 혼잡도 아니고 煞刃격이 맑아지므로, 이는 패격으로 인해 성격이 될 것이다.

壬 庚 丁 丙
○ ○ 酉 ○

如此之類, 亦不可勝數, 皆因敗得成之例也. 其間奇奇怪怪, 變幻無窮, 惟以理權衡之, 隨在觀理, 因時達化, 由他奇奇怪怪, 自有一種至當不易之論, 觀命者毋眩而無主執而不化也.

이와 같은 경우는 또한 셀 수 없으며, 모두 패격으로 인해 성격을 얻는 예이다. 그 사이에는 기기괴괴한 변화와 그윽함이 무궁하니, 오직 이치로써 그것을 헤아리고, 어디서나[28] 이치를 살피며, 계절로 인한 변화에 통달하면 그 기기괴괴한 것으로부터 스스로 일종의 지당하고 쉽게 바꿀 수 없는 논리를 갖게 되니, 명을 보는 사람은 현혹되어 주관이 없거나 집착하여 변하지 못하면 안 된다.

---

28) 『漢典』: 隨在 = 猶隨処, 随地.

14. 용사신 기후 득실론(論用神配氣候得失)

論命惟以月令用神爲主, 然亦須配氣候而互參之. 譬如英雄豪傑, 生得其時, 自然事半功倍. 遭時不順, 雖有奇才, 成功不易. 是以印綬遇官, 此謂官印雙全, 無人不貴.

명을 논하는 것은 오직 월령의 용사신을 위주로 하지만 그러나 또한 반드시 기후와 배합하여 서로 참고해야 한다. 비유하자면 영웅호걸이 태어나면서 바로 그 때를 얻으면 자연히 일은 절반만 해도 공은 배가 되는 같다. 때가 불순하면, 비록 기이한 재주가 있더라도 성공은 쉽지 않다. 따라서 인수격이 정관을 만나면 이는 관인쌍전이라고 말하는데, 귀하지 않은 사람이 없다.

而冬木逢水, 雖透官星, 亦難必貴, 蓋金寒而水益凍, 凍水不能生木, 其理然也. 身印兩旺, 透食則貴, 凡印格皆然. 而用之冬木, 尤爲秀氣, 以冬木逢火, 不惟可以洩身, 而卽可以調候也.

그러나 겨울 木이 水를 만나면 비록 정관이 투간되더라도 또한 반드시 귀하기는 어려운데, 대개 金은 차고 水는 추위를 더하며 빙수는 木을 생할 수 없으니 그 이치가 그런 것이다. 일간과 인수가 둘 다 왕성한데 식신이 투간되면 귀격이 되는데, 보통 인수격은 모두 그렇다.

그러나 쓰임이 겨울 木이면 더욱 **빼어난** 기운이 되는데, 겨울 木이 火를 만나면 일간을 발산시킬 수 있을 뿐만 아니라, 즉 기후를 조절할 수 있기 때문이다.

○ 甲 丙 ○
○○ 子 ○

傷官見官, 爲禍百端, 而金水見之, 反爲秀氣. 非官之不畏夫傷, 而調候爲急, 權而用之也.

상관견관은 재앙이 되는 것이 백 가지이지만 그러나 金水 상관이 정관을 보면 오히려 빼어난 기운이 되는데, 정관이 그 상관을 두려워하지 않는 것이 아니라 기후를 조절하는 것이 급하니, 저울질하여 정관을 쓰기 때문이다.

○ 庚 ○ 丁
○○ 子 ○

傷官帶煞, 隨時可用, 而用之冬金, 其秀百倍.

상관격이 칠살을 가지면 계절에 따라 쓸 수 있는데, 쓰는 것이 겨울 金이면 그 빼어남이 100배이다.

○庚丙○
○○子○

傷官佩印, 隨時可用, 而用之夏木, 其秀百倍, 火濟水, 水濟火也.

상관격이 인수를 차고 있으면 계절에 따라 쓸 수 있는데, 쓰는 것이
여름 木이면 그 빼어남이 100배이니, 火가 水를 구제하고 水가 火를
구제하기 때문이다.

○甲壬○
○○午○

傷官用財, 本爲貴格, 而用之冬水, 即使小富, 亦多不貴, 凍水不
能生木也. 傷官用財, 即爲秀氣, 而用之夏木, 貴而不甚秀, 燥土不
甚靈秀也.

상관격이 재를 쓰면 본래 귀격이지만, 쓰는 것이 겨울 水이면 설령
작은 부자는 될지라도 또한 대부분 귀하지 않은데, 얼어붙은 물은 木
을 생할 수 없기 때문이다.

○壬丙○
○○子○

상관격이 재를 쓰면 곧 빼어난 기운이지만 여름 木에 (土를) 쓰면 귀하지만 매우 빼어난 것은 아닌데, 메마른 土는 매우 영험하게 빼어나지 않기 때문이다.

○甲戊○
○○午○

春木逢火, 則爲木火通明, 而夏木不作此論. 秋金遇水, 則爲金水相涵, 而冬金不作此論. 氣有衰旺, 取用不同也.

봄의 木이 火를 만나면 목화통명이 되지만, 여름 木은 이같이 논하지 않는다. 가을 金이 水를 만나면 金水는 서로 적시지만, 겨울 金은 이같이 논하지 않는다. 기운은 쇠한 것과 왕성한 것이 있으므로 취용은 똑같지 않은 것이다.

○甲丁○　○甲丙○　○庚癸○　○庚壬○
○○卯○　○○午○　○○酉○　○○子○

春木逢火, 木火通明, 不利見官. 而秋金遇水, 金水相涵, 見官無礙. 假如庚生申月, 而支中或子或辰, 會成水局, 天干透丁, 以爲官星, 只要壬癸不透露干頭, 便爲貴格, 與食神傷官喜見官之說同論, 亦調候之道也.

봄의 木이 火를 만나면 목화통명으로서 정관을 보면 불리하다. 그러나 가을 金이 水를 만나면 金水가 서로 적시니, 정관을 보아도 무방하다. 가령 庚이 申월에 태어나고 지지 중의 子나 辰과 삼합하여 水국을 이루고, 천간에 丁이 투간되면 정관으로 삼는데, 단지 壬癸가 천간에 투간되지 않기만 하면 곧 귀격이 되니, 식신상관이 정관을 보는 것을 좋아한다는 설과 동일하게 논하며, 역시 조후의 도이다.

丁 庚 ○ ○
○ 子 申 辰

食神雖逢正印, 亦謂奪食, 而夏木火盛, 輕用之亦秀而貴, 與木火傷官喜見水同論, 亦調候之謂也. 此類甚多, 不能悉述, 在學者引伸觸類, 神而明之而已.

식신은 비록 정인을 만나더라도 또한 탈식이라고 부르지만, 그러나 여름 木은 火가 맹렬하므로 (水정인을) 가볍게 써도 빼어나고 귀하니, 木火상관이 水를 보는 것을 좋아하는 것과 같이 논하며 역시 조후를 말하는 것이다. 이러한 부류는 매우 많아서 다 설명할 수 없으니, 배우는 사람들이 하나의 원칙을 비슷한 부류에 확장해서 신묘하게 밝히는 데 달려 있을 뿐이다.

15. 상신 긴요론(論相神緊要)

月令旣得用神, 則別位亦必有相, 若君之有相, 輔我用神者是也. 如官逢財生, 則官爲用, 財爲相. 財旺生官, 則財爲用, 官爲相. 煞逢食制, 則煞爲用, 食爲相. 然此乃一定之法, 非通變之妙.

월령에서 이미 용사신을 얻으면 다른 자리에 또한 반드시 상신이 있는데, 군주가 재상을 가지는 것과 같으니, 일간의 용사신을 돕는 것이 이것이다. 예컨대 정관이 재의 생을 만나면 정관은 용사신이 되고 재는 상신이 된다. 재가 왕성하여 정관을 생하면 財는 용사신이 되고 정관은 상신이 된다. 칠살이 식신의 제복을 만나면 칠살은 용사신이 되고 식신은 상신이 된다. 그러나 이것은 곧 일정한 법이지 통변의 신묘함은 아니다.

要而言之, 凡全局之格, 賴此一字而成者, 均謂之相也. 傷用神甚於傷身, 傷相甚於傷用. 如甲用酉官, 透丁逢壬, 則合傷存官以成格者, 全賴壬之相.

요약하여 말하면, 전체 국의 격이 이 한 글자에 의지하여 이루어지면, 모두 그것을 일러 상신이라고 한다. 용사신을 상하게 하는 것은 일간을 상하게 하는 것보다 심하고, 상신을 상하게 하는 것은 용사신을 상하게 하는 것보다 심하다.[29) 예컨대 甲이 酉정관을 용사신으로 삼는데, 丁과 壬이 투간되면 (壬이) 丁상관을 합거하고 정관을 남김으로써 격을 이루니, 壬상신에 전적으로 의지한다.

○ 甲 丁 壬
○○ 酉 ○

戊用子財, 透甲並己, 則合煞存財以成格者, 全賴己之相.

戊는 子財를 용사신으로 삼는데, 甲과 己가 함께 투간되면 己가 칠살을 합거하고 재를 남김으로써 성격이 되니, 己상신에 전적으로 의지한다.

○ 戊 甲 己
○○ 子 ○

乙用酉煞, 年丁月癸, 時上逢戊, 則合去癸印以使丁得制煞者, 全賴戊之相.

乙은 酉칠살을 용사신으로 삼는데, 연간 丁이고 월간이 癸이며 시간에서 戊를 만나면 癸 인수를 합거함으로써 丁으로 하여금 칠살을

---

29) 상신> 용사신> 일간 순으로 중요하다는 의미이다.

제복하게 하니, 戊상신에 전적으로 의지한다.

戊 乙 癸 丁

○○ 酉 ○

癸生亥月, 透丙爲財, 財逢月劫, 而卯未來會, 則化水爲木而轉劫
以生財者, 全賴於卯未之相.

癸가 亥월에 태어나고 丙이 투간되면 재격[30]이 되는데, 財가 월겁
을 만나지만 卯未가 와서 삼합하면 水가 변해서 木이 되는 것으로서
겁재를 전환시켜 재를 생하니, 卯未 상신에 전적으로 의지한다.

○ 癸 ○ 丙

未 卯 亥 ○

庚生申月, 透癸洩氣, 不通月令而金氣不甚靈, 子辰會局, 則化金
爲水而成金水相涵者, 全賴於子辰之相. 如此之類, 皆相神之緊要
也.

---

30) 앞에서 "일간과 월령이 같으면 본신은 용사신이 될 수 없으므로, 반드시 사주에서 재관
살식의 투간과 지지삼합의 유무를 살펴서 별도로 용사신을 취하여야 한다. 그러나 결국
은 월령을 위주로 한 뒤에 용사신을 찾으니, 이것이 건록월겁격이며, 용사신이 아닌 것
같지만 곧 용사신인 것이다(日與月同, 本身不可爲用, 必看四柱有無財官煞食透干會
支, 另取用神. 然終以月令爲主, 然後尋用, 是建祿月劫之格, 非用而卽用神也)."는 내
용이 있었는데, 여기서는 건록월겁격을 취하지 않고 투간된 다른 오행을 기준으로 격을
판단했다.

庚이 申월에 태어나고 癸가 투간되어 발산하고 있으나 월령과 불통되어 金 기운이 아주 영험하지는 않은데, 子辰과 삼합국을 이루면 金이 변해서 水가 되므로 金水가 서로 적시는 것으로서 子辰상신에 전적으로 의지한다. 이와 같은 경우는 모두 상신이 긴요한 것이다.

癸 庚 ○ ○
辰 子 申 ○

相神無破, 貴格已成. 相神有傷, 立敗其格. 如甲用酉官, 透丁逢癸印, 制傷以護官矣, 而又逢戊, 癸合戊而不制丁, 癸水之相傷矣.

상신이 파괴되지 않으면 이미 귀격이 이루어진 것이다. 상신이 상하면 그 격은 바로 패격이 된다. 예컨대 甲이 酉정관을 용사신으로 삼는데 丁이 투간되고 癸인수를 만나면 상관을 제복함으로써 정관을 보호할 것이지만, 그러나 또 戊를 만나면 癸가 戊를 합하여 丁을 제복하지 못하고 癸水 상신은 상할 것이다.

戊 甲 癸 丁
○ ○ 酉 ○

丁用酉財, 透癸逢己, 食制煞以生財矣, 而又透甲, 己合甲而不制癸, 己土之相傷矣.

丁이 酉재를 용사신으로 삼는데 癸가 투간되고 己를 만나면 식신
이 칠살을 제복함으로써 재를 생할 것이지만, 그러나 또 투간된 甲을
만나면 己가 甲을 합하여 癸를 제복하지 못하니 己土 상신은 상할 것
이다.

甲 丁 己 癸
○○ 酉 ○

是皆有情而化無情, 有用而成無用之格也. 凡八字排定, 必有一
種議論, 一種作用, 一種棄取, 隨地換形, 難以虛擬, 學命者豈可忽
諸.

이는 모두 유정하지만 무정으로 변한 것이고, 유용하지만 무용한
격을 이룬 것이다. 팔자의 배정에는 반드시 일종의 의론과 일종의 작
용 및 일종의 기취가 있으나, 어디서나 형태를 바꾸어 가정하기 어려
우니, 명을 배우는 사람들은 어찌 그것을 소홀히 할 수 있겠는가?

16. 잡기 취용론(論雜氣如何取用)

　四墓者, 沖氣也, 何以謂之雜氣. 以其所藏者多, 用神不一, 故謂
之雜氣也. 如辰本藏戊, 而又爲水庫, 爲乙餘氣, 三者俱有, 於何取
用. 然而甚易也, 透干會支, 取其淸者用之, 雜而不雜也.

　네 墓는 충돌하여 조화를 이룬 기운[31]인데, 왜 그것을 일러 잡기라
고 하는가? 그 저장한 것이 많고 용사신은 하나가 아니기 때문에 따라
서 그것을 일러 잡기라고 한다. 예컨대 辰은 본래 戊를 저장하고 있으
나, 또한 水의 庫도 되고, 乙의 餘氣도 되는데, 3개가 모두 있으면 어
느 것을 취용할 것인가? 그러나 아주 쉬운데, 투간된 것과 지지 삼합
중에서 그 맑은 것을 취하여 용사신으로 삼으면 혼잡스럽지만 혼잡하
지 않다.

癸○戊乙

○○辰○

　何謂透干. 如甲生辰月, 透戊則用偏財, 透癸則用正印, 透乙則用
月劫是也.

---

31) 沖氣 : 沖氣爲化의 준말

어떤 것을 투간이라 하는가? 예컨대 甲이 辰월에 태어나고 戊가 투
간되면 편재를 용사신으로 삼고, 癸가 투간되면 정인을 용사신으로
삼으며, 乙이 투간되면 월겁을[32] 용사신으로 삼는 것이다.

何謂會支. 如甲生辰月, 逢申與子會局, 則用水印是也. 一透則一
用, 兼透則兼用, 透而又會, 則透與會並用. 其合而有情者吉, 其合
而無情者則不吉.

무엇을 지지삼합이라고 하는가? 예컨대 甲이 辰월에 태어나 申子
辰 삼합국을 만나면 水인수를 쓰는 것이 옳다. 하나가 투간되면 그 하
나를 쓰지만, 함께 투간되면 함께 쓰며, 투간되고 또 지지에서 삼합을
하면 투간된 것과 삼합된 것을 함께 쓴다. 그 합이 유정한 것이면 길하
지만, 그 합이 무정한 것이면 불길하다.

　　　○甲○○ ○甲戊○ 乙甲戊○○ ○甲癸○

---

32) 앞에서 "일간과 월령이 같으면 본신은 용사신이 될 수 없으므로, 반드시 사주에서 재관
살식의 투간과 지지삼합의 유무를 살펴서 별도로 용사신을 취하여야 한다. 그러나 결국
은 월령을 위주로 한 뒤에 용사신을 찾으니, 이것이 건록월겁격이며, 용사신이 아닌 것
같지만 곧 용사신인 것이다(日與月同, 本身不可爲用, 必看四柱有無財官煞食透干會
支, 另取用神, 然終以月令爲主, 然後尋用, 是建祿月劫之格, 非用而即用神也)."는 내
용이 있었는데, 지장간이 본신이라도 투간되면 용사신으로 삼아 격을 판단했다.

○申辰子 ○申辰子 ○申辰子 ○申辰子

何謂有情. 順而相成者是也. 如甲生辰月, 透癸爲印, 而又會子會
申以成局, 印綬之格, 清而不雜, 是透干與會支, 合而有情也.

어떤 것을 유정이라 하는가? 순하고 서로 이루는 것이다. 예컨대
甲이 辰월에 태어나고 癸가 투간되면 인수격이 되는데, 그러나 또한
申子辰 삼합으로 국을 이루면, 인수격이 맑고 혼잡하지 않으니, 이것
은 투간과 지지삼합이 결합하여 유정한 것이다.

○甲○癸
○申辰子

又如丙生辰月, 透癸爲官, 而又逢乙以爲印, 官與印相生, 而印又
能去辰中暗土以淸官, 是兩干並透, 合而有情也.

또 예컨대 丙이 辰월에 태어나고 癸가 투간되면 정관격이 되는데,
그러나 또 乙을 만나면 인수격도 되는데, 정관과 인수는 상생하고, 인
수는 또한 辰 안에 있는 暗土를 제거함으로써 정관을 맑게 하니, 이는
양간에 함께 투간된 것이 결합하여 유정한 것이다.

乙丙○癸
○○辰○

又如甲生丑月, 辛透爲官, 或巳酉會成金局, 而又透己財以生官, 是兩干並透, 與會支合而有情也.

또 예컨대 甲이 丑월에 태어나고 辛이 투간되면 정관격이 되는데 혹 巳酉丑 삼합을 하면 金局을 이루는데, 또한 己 정재가 투간하여 정관을 생하니, 이는 양간이 함께 투간된 것과 지지삼합이 결합하여 유정한 것이다.

◯甲辛己
巳◯丑酉

何謂無情. 逆而相背者是也. 如壬生未月, 透己爲官, 而地支會亥卯以成傷官之局, 是透官與會支, 合而無情者也.

어떤 것을 무정이라 하는가? 거슬리고 서로 등지는 것이다. 예컨대 壬이 未월에 태어나고 己가 투간되면 정관격이 되는데, 그러나 지지에서 亥卯未로 상관의 국을 이루면, 이것은 투간과 지지삼합을 합하면 무정한 것이다.

◯壬己◯
亥◯未卯

又如甲生辰月, 透戊爲財, 又或透壬癸以爲印, 透癸則戊癸作合,財印兩失, 透壬則財印兩傷, 又以貪財壞印, 是兩干並透, 合而無情也.

또 예컨대 甲이 辰월에 태어나고 戊가 투간되면 재격이 되는데, 혹또 壬33)이나 癸가 투간하여 인수격이 되는 경우, 癸가 투간되면 戊癸가 합하여 재와 인수 양쪽을 잃고, 壬이 투간되면 재와 인수 양쪽이 상하며, 또 재를 탐함으로써 인수를 파괴하니, 이는 양간이 함께 투간되었지만 합하면 무정한 것이다.

　　　　　○甲戊○　　○甲戊癸　　○甲戊壬
　　　　　○○辰○　　○○辰○　　○○辰○

又如甲生戊月, 透辛爲官, 而又透丁以傷官, 月支又會寅會午以成傷官之局, 是兩干並透與會支, 合而無情也.

또 예컨대 甲이 戊월에 태어나고 辛이 투간되면 정관격이 되는데, 그러나 또 丁이 투간됨으로써 상관격도 되고, 월지가 또 寅午와 삼합으로써 상관격국을 이루면, 이는 양간이 함께 투간되고 지지에서 삼합했지만 합하면 무정한 것이다.

　　　　　丁甲辛○

---

33) 투간은 음양을 따지지 않고 오행을 기준으로 판단하고 있다.

○寅戌午

又有有情而卒成無情者, 何也. 如甲生辰月, 逢壬爲印, 而又逢丙,
印綬本喜洩身爲秀, 似成格矣, 而火能生土, 似又助辰中之戊, 印格
不淸, 是必壬干透而支又會申會子, 則透丙亦無所礙.

또 유정하였으나 마침내 무정을 이룬 경우가 있으니, 어떤 경우인
가? 예컨대 甲이 辰월에 태어나고 壬을 만나면 인수격이 되는데, 그
러나 또 丙을 만나면 인수는 본래 일간을 발산시켜 빼어나게 되는 것
을 좋아하므로 성격인 것 같지만, 그러나 火는 土를 생할 수 있으므로
또한 辰 중의 戊를 돕는 것 같아서 인수격이 맑지 않다. 이는 반드시
壬이 투간하고 지지에서 또 申子辰 삼합하면 투간된 丙도 방해가
없다.

丙甲壬○　丙甲壬○
○○辰○　○子辰申

又有甲生辰月, 透壬爲印, 雖不露丙而支逢戌位, 戌與辰沖, 二者
爲月沖而土動, 干頭之壬難通月令, 印格不成, 是皆有情而卒無情,
富而不貴者也.

또 甲이 辰월에 태어나고 壬이 투간되면 인수격이 되는데, 비록 丙
이 투간하지 않더라도, 지지에서 戌자리를 만나면 戌과 辰은 충하는

데, 2개는 친구의 충으로서 土가 발동하여 천간의 壬이 월령과 통근하기 어려워서 인수격을 이루지 못하니, 이는 모두 유정하지만 마침내 무정한 것이며, 부유하지만 귀하지는 않은 것이다.

○甲壬○
○○辰 戌

又有無情而終有情者, 何也. 如癸生辰月, 透戊爲官, 又有會申會子以成水局, 透干與會支相剋矣. 然所剋者乃是劫財, 譬如月劫用官, 何傷之有.

또 무정하지만 결국 유정한 경우가 있으니, 어떤 경우인가? 예컨대 癸가 辰월에 태어나고 戊가 투간되면 정관격이 되는데, 또 申子辰 水국을 이루면 투간된 것과 지지삼합한 것이 서로 극할 것이다. 그러나 극하는 것은 곧 겁재인데, 비유하면 월겁격이 정관을 쓰는 것과 같으니, 어찌 상함이 있겠는가?

○癸戊○
申○辰 子

又如丙生辰月, 透戊爲食, 而又透壬爲煞, 是兩干並透, 而相剋也. 然所剋者乃是偏官, 譬如食神帶煞, 煞逢食制, 二者皆是美格, 其局愈貴, 是皆無情而終爲有情也.

또 예컨대 丙이 辰월에 태어나고 戊가 투간되면 식신격이 되고, 그러나 또 壬이 투간되면 칠살격도 되는데, 이것은 양간이 함께 투간되어 상극하는 것이다. 그러나 극하는 것은 곧 편관인데, 비유하자면 식신이 칠살을 가지거나 칠살이 식신의 제복을 만난 것과 같으며, 이 두가지는 모두 아름다운 격이고, 그 격국은 더욱 귀하니, 이는 모두 무정이지만 결국 유정이 되는 것이다.

壬 丙 戊 ○
○ ○ 辰 ○

17. 묘고형충설론(論墓庫刑沖之說)

辰戌丑未, 最喜刑沖, 財官入庫不沖不發, 此說雖俗書盛稱之, 然子平先生造命, 無是說也. 夫雜氣透干會支, 豈不甚美. 又何勞刑沖乎. 假如甲生辰月, 戊土透豈非偏財. 申子會豈非印綬. 若戊土不透, 即辰戌相沖, 財格猶不甚清也. 至於透壬爲印, 辰戌相沖, 將以累印, 謂之衝開印庫可乎.

"辰戌丑未는 형충을 가장 좋아하고 재·관이 입고하면 충하지 않으면 발복하지 못한다."는 설은 비록 속서에서 왕성하게 말하고 있더라도, 그러나 자평 선생이 命을 만들 때 이 설은 없었다. 잡기가 투간하거나 지지삼합하면 어찌 더욱 아름답지 아니한가? 또한 어찌하여 형충하려고 애쓰는가? 가령 甲이 辰월에 태어나고 戊土가 투간하면 어찌하여 편재격이 아니며, 申子辰 삼합하면 어찌하여 인수격이 아닌가? 만일 戊土가 투간되지 않고, 곧 辰과 戌이 서로 충하면 재격은 오히려 아주 맑지 않다. 壬이 투간되어 인수격이 되는 경우에는 辰戌이 서로 충하면 장차 인수를 지치게 하는데, 그것을 일러 인수 창고를 충하여 열면 좋다고 하는가?

○甲戊○	○甲○○	○甲○○	○甲壬○
○○辰○	○申辰子	○戌辰○	○戌辰○

104 자평진전 · 子平眞詮

況四庫之中, 雖五行俱有, 而終以土爲主, 土沖則靈, 金木水火, 豈能以四庫之沖而動乎. 故財官屬土, 沖則庫啓, 如甲用戊財而辰戌沖, 壬用己官而丑未沖之類是也. 然終以戊己干頭爲淸用, 干旣透, 卽不沖而亦得也.

하물며 네 가지 창고 안에 비록 오행이 모두 있어도 결국 土를 위주로 하는데, 土를 충하면 빼어나지만, 金木水火가 어찌 네 가지 창고의 충으로 발동할 수 있는가? 따라서 財官이 土에 속하는 경우에 충하면 창고가 열리는 것이다. 예컨대 甲이 戊재를 용사신으로 삼는데 辰과 戌이 충하거나, 壬이 己정관을 용사신으로 삼는데 丑未가 충하는 경우가 이것이다. 그러나 결국은 戊己가 천간에 있으면 맑은 격이되니, 천간에 이미 투간된 것은 충하지 않아도 역시 얻는다.

○甲戊○　○壬己○　○甲戊○　○壬己○
○戊辰○　○○未丑　○○辰○　○○未

至於財官爲水, 沖則反累. 如己生辰月, 壬透爲財, 戊沖則劫動, 何益之有.

재관이 水가 됨에 이르면, 충하면 오히려 피로하다. 예컨대 己가 辰월에 태어나고 壬이 투간되면 재격이 되는데, 戊이 충하여 겁재가 발동하면 무슨 이익이 있는가?

○己 壬○
○○辰 戌

丁生辰月, 透壬爲官, 戌沖則傷官, 豈能無害. 其可謂之逢沖而壬
水之財庫官庫開乎.

丁이 辰월에 태어나고 壬이 투간되면 정관으로 삼는데, 戌이 충하
면 정관을 상하니 어찌 해가 없다고 할 것인가? 그것이 충을 만나서
壬水의 재 창고와 정관 창고가 열렸다고 말할 수 있는가?

○丁 壬○
○○辰 戌

今人不知此理, 甚有以出庫爲投庫. 如丁生辰月, 壬官透干, 不以
爲庫內之壬, 干頭透出, 而反爲干頭之壬, 逢辰入庫, 求戌以沖土,
不顧其官之傷.

요즘 사람들은 이러한 이치를 모르고, 심지어 창고에서 나오는 것
을 창고에 들어가는 것으로 여기는 경우가 있다. 예컨대 丁이 辰월에
태어나고 壬정관이 투간되면 창고 안의 壬이 천간에 투간되었다고
여기지 않고, 반대로 천간의 壬이 辰을 만나면 창고에 들어갔으니 戌
을 구하여 土를 충해야 한다고 여기면서 그 정관이 다치는 것을 돌아
보지 않는다.

○丁 壬○
○○辰 戌

更有可笑者, 月令本非四墓, 別有用神, 年月日時中一帶四墓, 便求刑沖. 日臨四庫不以爲身坐庫根, 而以爲身主入庫, 求沖以解. 種種謬論, 令人掩耳.

더욱 가소로운 것이 있으니, 월령은 본래 4墓가 아니며, 별도로 용사신이 있는데, 연월일시 중 하나라도 4墓를 가지면 곧 형충을 구한다. 일간이 4庫에 임하면 일간이 창고의 뿌리에 앉았다고 여기지 않고, 일주가 창고에 들어갔으니 충으로 해소하고자 찾는다. 갖가지 오류들은 사람들로 하여금 귀를 가리게 한다.

然亦有逢沖而發者, 何也. 如官最忌沖, 而癸生辰月, 透戊爲官, 與戌相沖, 不見破格. 四庫喜沖, 不爲不是. 卻不知子午卯酉之類, 二者相仇, 乃沖剋之沖. 而四墓土自爲沖, 乃衝動之沖, 非沖剋之沖也. 然旣以土爲官, 何害於事乎. 是故四墓不忌刑沖, 刑沖未必成格. 其理甚明, 人自不察耳.

그러나 또한 충을 만나서 발복하는 경우도 있으니, 어떤 경우인가? 예컨대 정관은 충을 가장 꺼리지만, 癸가 辰월에 태어나고 戊가 투간되면 정관격이 되는데, 戌과 상충해도 파격으로 보지 않는다. 네 가지 창고가 충을 좋아한다는 것은 그렇지도 않고 옳지도 않기 때문이다.

○癸 戊○

○○辰 戌

　도리어 子午卯酉 부류는 양자가 서로 원수이므로, 충극의 충이지만, 그러나 네 가지 墓土는 스스로 충하는 것으로, 충동의 충이고 충극의 충이 아니라는 것을 모른다. 그러나 이미 土로 정관격을 삼으면 어찌 (충이라는) 일에서 해로울 것인가? 따라서 네 가지 墓는 형충을 꺼리지 않지만 형충이 반드시 격을 이루는 것은 아니다. 그 이치는 아주 명확한데도 사람들은 스스로 살피지 못할 뿐이다.

18. 사길신 파격론(論四吉神能破格)

財官印食, 四吉神也, 然用之不當, 亦能破格. 如食神帶煞, 透財爲害, 財能破格也. 春木火旺, 見官則忌, 官能破格也. 煞逢食制, 透印無功, 印能破格也. 財旺生官, 露食則雜, 食能破格也. 是故官用食破, 印用財破. 譬之用藥, 參苓芪尤, 本屬良材, 用之失宜, 亦能害人.

　재, 정관, 인수, 식신은 네 가지 길신이지만, 그러나 쓰는 것이 부당하면 또한 격을 파괴할 수 있다. 예컨대 식신격이 칠살을 가지고 있는데, 재가 투간되면 해가 되니 재는 격을 파괴할 수 있기 때문이다. 春木이 火가 왕성하면 정관을 보는 것을 꺼리니, 정관은 격을 파괴할 수 있기 때문이다. 칠살격이 식신의 제복을 만나는데, 인수가 투간되면 공이 없게 되니, 인수는 격을 파괴할 수 있기 때문이다. 재격이 왕성하여 정관을 생하고 있는데, 식신이 투간되면 혼잡하니, 식신이 격을 파괴할 수 있기 때문이다. 따라서 정관격이 식신을 쓰면 파괴되고, 인수격이 재를 쓰면 파괴된다. 그것을 약을 쓰는 것에 비유하면, 인삼·복령·황기·삽주는 본래 좋은 약재이지만, 쓰임이 마땅함을 잃으면 또한 사람에게 해를 끼칠 수 있는 것과 같다.

19. 사흉신 성격론(論四凶神能成格)

煞傷梟刃, 四凶神也, 然施之得宜, 亦能成格. 如印綬根輕, 透煞爲助, 煞能成格也. 財逢比劫, 傷官可解, 傷能成格也. 食神帶煞, 靈梟得用, 梟能成格也. 財逢七煞, 刃可解厄, 刃能成格也. 是故財不忌傷, 官不忌梟, 煞不忌刃. 如治國長槍大戟, 本非美具, 而施之得宜, 可以戡亂.

칠살·상관·편인·양인은 네 가지 흉신이지만, 그러나 쓰임이 마땅함을 얻으면 또한 격을 이룰 수 있다. 예컨대 인수격이 뿌리가 약한데 칠살이 투간되면 도움이 되니, 칠살은 격을 이루게 할 수 있다. 재격이 비겁을 만나면, 상관이 해결할 수 있으니 상관도 격을 이루게 할 수 있다. 식신격이 칠살을 가지면, 영험한 편인이 쓰임을 얻으니 편인은 격을 이루게 할 수 있다. 재격이 칠살을 만나면 양인도 액을 해결할 수 있으니, 양인도 격을 이루게 할 수 있다. 따라서 재는 상관을 꺼리지 않고, 정관은 편인을 꺼리지 않으며, 칠살은 양인을 꺼리지 않는다. 예컨대 나라를 다스리는데 있어서, 긴 창과 큰 창은 본래 좋은 도구는 아니지만, 쓰임이 마땅함을 얻으면 난을 평정할 수 있다.

20. 생극선후 길흉론(論生剋先後分吉凶)

月令用神, 配以四柱, 固有每字之生剋以分吉凶. 然有同此生剋, 而先後之間, 遂分吉凶者, 尤談命之奧也. 如正官同是財傷並透, 而先後有殊. 假如甲用酉官, 丁先戊後, 則以財爲解傷, 即不能貴, 後運必有結局. 若戊先而丁在時, 則爲官遇財生, 而後因傷破, 即使上運稍順, 終無結局, 子嗣亦難矣.

월령의 용사신을 사주에 배정하면 본래 매 글자의 생극으로 길흉이 나뉜다. 그러나 생과 극이 함께 있으면, 선후의 사이에서 마침내 길흉이 나뉘는 것이 특별한 담명의 오묘함이다. 예컨대 정관격에서 재와 상관이 함께 투간되면 선후에 따라 차이가 있다. 가령 甲이 酉정관을 용사신으로 삼는데, 丁이 앞에 있고 戊가 나중에 있으면 재로써 상관을 해결하니, 즉 귀할 수 없으나 후운에서 반드시 결실이 있다. 만일 戊가 앞에 있고 丁이 時에 있으면 정관이 재의 생을 만나지만, 나중에 상관으로 인해 파괴된다. 즉 좋은 운에서는 조금 순조롭지만, 끝내는 결실이 없고 자식과 후사 또한 어려울 것이다.

戊甲○丁　丁甲○戊
○○酉○　○○酉○

印格同是貪財壞印, 而先後有殊. 如甲用子印, 己先癸後, 即使不富, 稍順晚境. 若癸先而己在時, 晚景亦悴矣.

인수격에서 재를 탐하는 것과 인수를 무너뜨리는 것이 함께 있으면 선후에 따라 차이가 있다. 예컨대 甲이 子인수를 용사신으로 삼는데, 己가 앞에 있고 癸가 뒤에 있으면 즉 부유하지 않지만 말년에는 약간 순조롭다. 만일 癸가 앞에 있고 己가 시간에 있으면, 말년 또한 초췌할 것이다.

癸甲○己　己甲○癸
○○子○　○○子○

食神同是財梟並透, 而先後有殊. 如壬用甲食, 庚先丙後, 晚運必亨, 格亦富而望貴. 若丙先而庚在時, 晚運必淡, 富貴兩空矣.

식신격에서 재와 편인이 함께 투간되면 선후에 따라 차이가 있다. 예컨대 壬이 甲식신을 쓰는데 庚이 앞에 있고 丙이 뒤에 있으면 말년운에는 반드시 형통하니, 격도 부유하고 귀함을 바랄 것이다. 만일 丙이 앞에 있고 庚이 時에 있으면 말년운이 반드시 싱겁고 부와 귀 양쪽이 공허할 것이다.

丙壬甲庚　庚壬甲丙
○○○○　○○○○

七煞同是財食並透, 而先後大殊. 如己生卯月, 癸先辛後, 則爲財
以助用, 而後煞用食制, 不失大貴. 若辛先而癸在時, 則煞逢食制,
而財轉食黨煞, 非特不貴, 後運蕭索, 兼難永壽矣.

칠살격에서 재와 식신이 함께 투간되면 선후에 따라 큰 차이가 있
다. 예컨대 己가 卯월에 태어나고 癸가 앞에 있고 辛이 뒤에 있으면
재로 격국을 돕지만 말년에는 칠살격이 식신을 써서 제복하니 대귀를
잃지 않는다. 만일 辛이 앞에 있고 癸가 時에 있으면 칠살격이 식신
의 제복을 만나 재가 식신을 전환시켜 칠살을 도우니, 특별하지도 않
고 귀하지도 않으며, 후운에서는 적막하고 더불어 장수하기 어려울
것이다.

<pre>
辛 己 ○ 癸   癸 己 ○ 辛
○ ○ 卯 ○   ○ ○ 卯 ○
</pre>

他如此類, 可以例推, 然猶吉凶之易見者也. 至丙生甲寅月, 年癸
時戊, 官能生印, 而不怕戊合, 戊能洩身爲秀, 而不得越甲以合癸,
大貴之格也. 假使年月戊癸而時甲, 或年甲而月癸時戊, 則戊無所
隔而合癸, 格大破矣.

다른 것도 이러한 부류와 같으면 예를 들어 추리할 수 있는데, 그러
나 오히려 길흉이 쉽게 나타난다. 丙이 甲寅월에 태어나고 年에 癸,
時에 戊가 있으면, 癸정관은 甲인수를 생할 수 있고 戊와 합하는 것

을 두려워하지 않으며, 戊는 일간을 발산할 수 있어서 빼어나게 되고
甲을 넘어 癸와 합할 수 없으니, 대귀의 격이다. 만일 年에 戊, 月에
癸, 時에 甲이 있거나, 혹 年에 甲, 月에 癸, 時에 戊가 있으면 戊는
방해없이 癸를 합하니 격은 크게 파괴될 것이다.

戊 丙 甲 癸　　甲 丙 癸 戊　　戊 丙 癸 甲

○ ○ 寅 ○　　○ ○ ○ ○　　○ ○ ○ ○

丙生辛酉, 年癸時己, 傷因財間, 傷之無力, 間有小貴. 假如癸己
並而中無辛隔, 格盡破矣.

丙이 辛酉월에 태어나고 年에 癸, 時에 己가 있으면, 상관이 재의
방해로 인해 상관이 무력하니, 그 방해로 인해 작게나마 귀하다. 만일
癸己가 나란히 있어서 중간에 辛의 방해가 없으면 격은 거의 파괴될
것이다.

己 丙 辛 癸　　○ 丙 己 癸

○ ○ 酉 ○　　○ ○ ○ ○

辛生申月, 年壬月戊, 時上丙官, 不愁隔戊之壬, 格亦許貴. 假使
年丙月壬而時戊, 或年戊月丙而時壬, 則壬能剋丙, 無望其貴矣.

辛이 申월에 태어나고 年에 壬, 月에 戊, 時가 丙정관이면 戊에 막

힌 壬을 걱정하지 않으니 격이 또한 자못 귀하다. 가령 年에 丙, 月에 壬, 時에 戊가 있거나, 혹 年에 戊, 月에 丙, 時에 壬이 있으면 壬은 丙을 극할 수 있어서 그 귀함은 바랄 수 없을 것이다.

丙辛戊壬　戊辛壬丙　壬辛丙戊
○○申○　○○申○　○○申○

如此之類, 不可勝數, 其中吉凶似難猝喻, 然細思其故, 理甚顯然.
特難爲淺者道耳.

이와 같은 부류는 셀 수 없으니, 그 가운데 길흉을 갑자기 깨우치기는 어려운 것 같지만, 그러나 그 이유를 자세히 생각하면 이치는 매우 분명하다. 다만 식견이 얕은 사람이 따르기는 어려울 뿐이다.

21. 신살 격국 무관론(論星辰無關格局)

八字格局, 專以月令配四柱, 至於星辰好歹, 旣不能爲生剋之用,
又何以操成敗之權. 況於局有礙, 卽財官美物, 尙不能濟, 何論吉星.
於局有用, 卽七煞傷官, 何謂凶神乎. 是以格局旣成, 卽使滿盤孤辰
八煞, 何損其貴. 格局旣破, 卽使滿盤天德貴人, 何以爲功. 今人不
知輕重, 見是吉星, 遂致抛卻用神, 不管四柱, 妄論貴賤, 謬談禍福,
甚可笑也.

팔자의 격국은 오로지 월령으로써 사주에 배정한다. 성신이 좋고
나쁨에 이르면, 이미 생극의 작용을 할 수 없는데 또 어떻게 성격과 패
격의 권능을 잡을 수 있겠는가? 하물며 격국에 방해가 있으면 즉 재관
이라는 좋은 것도 오히려 구제할 수 없는데 어찌 길성이라고 논하겠
는가? 격국에서 유용하면 즉 칠살이나 상관도 어찌 흉신이라고 부르
겠는가? 따라서 격국이 이미 이루어지면 설령 고신팔살이 가득 차더
라도 어찌 그 귀함을 손상시키겠는가? 격국이 이미 파괴되면 설령 천
덕귀인이 가득 차더라도 어떻게 공을 이루겠는가? 요즘 사람들은 경
중을 모르고 이러한 길성을 보기만 하면 마침내 용사신을 던져버리고
사주와 관계없이 귀천을 함부로 논하고 화복을 잘못 말하기에 이르니
아주 가소로운 것이다.

況書中所云祿貴, 往往指正官而言, 不是祿堂貴人. 如正財得傷貴爲奇. 傷貴者傷官也, 傷官乃生財之具, 正財得之, 所以爲奇. 若指貴人, 則傷貴爲何物乎. 又若因得祿而避位, 得祿者, 得官也, 運得官鄉, 宜乎進爵. 然如財用傷官食神, 運透官則格雜, 正官運又遇官則重, 凡此之類, 只可避位也. 若作祿堂, 不獨無是理, 抑且得祿避位, 文法上下不相顧. 古人作書, 何至不通若是.

하물며 책 가운데에서 말하는 녹귀는 왕왕 정관을 가르켜 말하는 것이지 녹당귀인은 아니다. 예컨대 정재격에서 상귀를 얻으면 기이하다. 상귀는 상관이니, 상관은 재를 생하는 도구이며, 정재가 그것을 얻으면 기이하기 때문이다. 만일 귀인을 가르킨다면, 상귀는 어떤 경우인가? 또 "득록으로 인해 자리에서 물러난다."에서 득록은 득관이니, 운에서 정관의 방향을 얻으면 마땅히 관직에 진출한다. 그러나 예컨대 재격이 상관·식신을 쓰는데, 운에서 정관이 투간되면 격은 혼잡스럽고, 정관운에서 또 정관을 만나면 중첩되니, 이러한 부류에서는 단지 자리에서 물러나는 것이 좋다. 만일 녹당을 만들면, 옳은 이치가 아닐 뿐만 아니라 또한 "녹을 얻으면 자리에서 물러난다."는 문법이 상하가 서로 맞지 않는다. 옛사람이 책을 지을 때 어찌 이같이 불통에 이르게 하겠는가?

又若女命, 有云貴眾則舞裙歌扇. 貴眾者, 官眾也, 女以官爲夫, 正夫豈可疊出乎. 一女眾夫, 舞裙歌扇, 理固然也. 若作貴人, 乃是天星, 並非夫主, 何礙於眾而必爲娼妓乎.

또 만일 여명이라면, "귀가 많으면 노래에 능하고 춤을 잘추는 기생이다."는 말이 있다. 귀가 많은 것은 정관이 많은 것이다. 여자는 정관으로써 지아비를 삼는데, 지아비가 어찌 거듭하여 나올 수 있는가? 한 여자가 지아비가 많으면 가무하는 기생이 되는 것은 이치가 본래 그런 것이다. 만일 귀인을 만들면, 마침내 하늘의 별이고 또한 지아비가 아니니, 어찌 많으면 반드시 창기가 되는데 방해가 되겠는가?

然星辰, 命書亦有談及, 不善看書者執之也. 如貴人頭上帶財官, 門充馳馬. 蓋財官如人美貌, 貴人如人衣服, 貌之美者, 衣服美則愈現. 其實財官成格, 即非貴人頭上, 怕不門充馳馬. 又如論女命云, 無殺帶二德, 受兩國之封. 蓋言婦命無凶殺, 格局淸貴, 又帶二德, 則必受榮封. 若專主二德, 則何不竟云帶二德, 受兩國之封, 而必先曰無煞乎. 若云命逢險格, 柱有二德, 逢凶有救, 可免於危, 則亦有之, 然終無關於格局之貴賤也.

그러나 성신은 명서에도 언급이 있으니, 책을 잘못 보는 사람은 그것에 집착한다. 예컨대 "귀인 머리 위에 재관을 가지면 집에 달리는 말을 채운다."는 것이다. 대개 재관은 사람의 미모와 같고, 귀인은 사람의 의복과 같아서, 용모가 아름다운 사람은 의복이 아름다우면 더욱 드러난다. 그러나 그 실은 재관이 격을 이루면, 즉 귀인이 머리 위에 없어도 집에 달리는 말을 채우지 못할 것을 두려워하겠는가? 또 예컨대 여명을 논하면서 이르기를, "殺이 없고 천덕과 월덕이 있으면 양국의 녹봉을 받는다."고 했다. 대개 부인명에서 흉살이 없으면서 격국이 맑고 귀하며, 또 천덕과 월덕을 가지면 반드시 영예스런 녹봉을 받는다. 만일 오로지 천덕과 월덕을 위주로 하면, 어찌 "천덕과 월덕을 가지고 있으면 양국의 녹봉을 받는다."고 말하지 않고, "반드시 흉살이 없어야 한다."고 먼저 말하겠는가? 만일 "명에서 험한 격을 만나도 사주에 천덕과 월덕이 있으면 흉을 만나도 구제가 있어서 위험에서 면할 수 있다."고 말한다면, 또한 그러한 경우가 있을 수는 있어도, 그러나 끝내는 격국의 귀천과 무관한 것이다.

22. 외격용사론(論外格用捨)

八字用神旣專主月令, 何以又有外格乎. 外格者, 蓋因月令無用, 權而用之, 故曰外格也. 如春木冬水, 土生四季之類, 日與月同, 難以作用, 類象·屬象·沖財·會祿·刑合·遙迎·井欄·朝陽諸格, 皆可用也.

팔자에서 용사신은 이미 오직 월령을 위주로 하는데, 어찌하여 또 외격이 있는가? 외격은 대개 월령에 용사신이 없으면 헤아려 쓰기 때문에 따라서 외격이라고 부르는 것이다. 예컨대 봄의 木, 겨울의 水, 土가 사계절의 마지막에 태어난 부류는 일간과 월지가 같아서 쓰기 어려우니, 유상·속상·충재·회록·형합·요영·정란·조양 등 여러 격으로 모두 가용한 것이다.

若月令自有用神, 豈可別尋外格. 又或春木冬水, 干頭已有財官七煞, 而棄之以就外格, 亦太謬矣. 是故干頭有財, 何用沖財, 干頭有官, 何用合祿. 書云提綱有用提綱重, 又曰有官莫尋格局, 不易之論也.

만일 월령 스스로 용사신이 있으면, 어찌 외격을 별도로 찾을 수 있겠는가? 또 혹시 木, 겨울의 水가 천간에 이미 재, 정관, 칠살을 가지고 있으면, 그것을 버리고 외격을 취하는 것은 또한 큰 오류일 것이다. 그러므로 천간에 재가 있는데 어찌 沖하는 재를 쓰고, 천간에 정관이 있는데 어찌 합록을 쓰겠는가? 『書』에서 이르기를, "제강에 용사신이 있으니, 제강이 중요하다."고 했고, 또 이르기를, "정관이 있으면 (다른) 격국을 찾지 말라."고 했는데, 바뀌지 않는 이론이다.

然所謂月令無用者, 原是月令本無用神, 而今人不知, 往往以財被劫, 官被傷之類, 用神已破, 皆以爲月令無取, 而棄之以就外格, 則謬之又謬矣.

그러나 이른바 월령에 용사신이 없다는 것은 원래 월령에 근본적으로 용사신이 없는 것인데, 요즘 사람들은 모르고 왕왕 재가 겁탈당하고 정관이 상을 당하는 부류는 용사신이 이미 파괴되었으니, 모두 월령에서는 취할 수 없다고 생각하여, 그것을 버리고 외격을 취하면, 오류의 또 오류일 것이다.

23. 궁위·용사신 육친 배정론(論宮分用神配六親)

人有六親, 配之八字, 亦存於命, 其由宮分配之者. 則年月日時,
自上而下, 祖父妻子, 亦自上而下, 以地相配, 適得其宜, 不易之位
也.

사람에게는 육친이 있으며 그것을 팔자에 배정하면 또한 命에 있
으니, 그것은 자리로부터 육친을 배정하는 것이다. 즉 年月日時의 위
부터 아래까지 조상·부모·처·자식이 되는데, 역시 위로부터 아래까
지 지지로 서로 배정하여 바로 그 마땅함을 얻으니, 바꿀 수 없는 자리
이다.

其由用神配之者, 則正印爲母, 身所自出, 取其生我也. 若偏財受
我剋制, 何反爲父. 偏財者, 母之正夫也, 正印爲母, 則偏財爲父矣.
正財爲妻, 受我剋制, 夫爲妻綱, 妻則從夫.

그 용사신으로부터 육친을 배정하면, 즉 정인은 모친이니, 일간 자
신이 나온 곳으로 일간을 생하는 것을 취한 것이다. 가령 편재는 일간
의 극제를 받는데, 어찌하여 도리어 부친이 되는가? 편재는 모친의
지아비이니, 정인이 모친이면 편재는 부친이 될 것이다. 정재는 처가
되고 일간의 극제를 받으니, 지아비는 처의 벼리가 되고, 처는 곧 지아

비를 따르는 것이다.

若官煞則剋制乎我, 何以反爲子女也. 官煞者, 財所生也, 財爲妻妾, 則官煞爲子女矣. 至於比肩爲兄弟, 又理之顯然者. 其間有無得力, 或吉或凶, 則以四柱所存或年月或日時財官傷刃, 係是何物. 然後以六親配之用神. 局中作何喜忌, 參而配之, 可以了然矣.

만일 정관이나 칠살이면 일간을 극제하는데 어찌 도리어 자녀가 되는가? 정관이나 칠살이라는 것은 재가 생하는 것으로서, 재가 처첩이면 정관이나 칠살은 자녀가 될 것이다.[34] 비견이 형제가 되는 것에 이르면 또한 이치가 분명한 것이다. 그 육친 사이의 득력의 유무에 따라 혹 길하기도 하고 혹 흉하기도 하면 사주에 있는 것이 혹 연·월에 있는지 혹 일·시에 있는지, 재·관인지 상관·양인인지, 어떤 것인가에 따라 관계되니 육친을 용사신과 배합한 후에 국 중에서 어떤 희기를 만드는지를 참고하여 배합하면 분명해질 수 있을 것이다.

---

34) 진소암의 육친론 중 "관성은 자식이 될 수 없다"는 주장을 비판한 것이다.

24. 처자론(論妻子)

大凡命中吉凶, 於人愈近, 其驗益靈. 富貴貧賤, 本身之事, 無論
矣, 至於六親, 妻以配身, 子爲後嗣, 亦是切身之事. 故看命者, 妻財
子祿, 四事並論, 自此之外, 惟父母身所自出, 亦自有驗. 所以提綱
得力, 或年干有用, 皆主父母雙全得力. 至於祖宗兄弟, 不甚驗矣.

대체로 명 중의 길흉은 사람이 가까울수록 그 증험이 더욱 신령스
럽다. 부귀빈천이 일간의 일이라는 것은 논할 필요도 없을 것이고, 육
친에 이르면 처는 일간과 짝이 되고 자식은 후사가 되니. 또한 일간에
게 절실한 일이다. 그러므로 간명이라는 것은 처, 재, 자, 녹의 네 가지
일을 함께 논하는 것이며, 이 외에도 오직 부모는 일간 자신이 나온 곳
이므로 또한 자연히 증험이 있다. 따라서 제강이 힘을 얻거나 혹 연간
이 유용하면 모두 주로 부모가 둘 다 온전하고 힘을 얻는 것이다. 조상
과 형제에 이르면 아주 증험하지는 않을 것이다.

以妻論之, 坐下財官, 妻當賢貴. 然亦有坐財官而妻不利, 逢傷刃
而妻反吉者, 何也. 此蓋月令用神, 配成喜忌. 如妻宮坐財, 吉也, 而
印格逢之, 反爲不美. 妻坐官, 吉也, 而傷官逢之, 豈能順意. 妻坐傷
官, 凶也, 而財格逢之, 可以生財, 煞格逢之, 可以制煞, 反主妻能內
助. 妻坐陽刃, 凶也, 而或財官煞傷等格, 四柱已成格局, 而日主無

氣, 全憑日刃幫身, 則妻必能相夫, 其理不可執一也.

처로 그것을 논하면, 일지가 재나 관이면 처는 마땅히 현명하고 귀하다. 그러나 또한 일지에 재나 관이 있어도 처가 이롭지 않거나, 상관이나 양인을 만나도 처가 오히려 길한 경우가 있으니, 어떤 경우인가? 이것은 모두 월령 용사신과 짝하여 희기를 이루기 때문이다. 예컨대 처궁이 재에 앉으면 길하지만 인수격이 재를 만나면 오히려 좋지 않다. 처가 정관에 앉으면 길하지만 상관격이 정관을 만나면 어찌 뜻대로 되겠는가? 처가 상관에 앉으면 흉하지만 재격이 상관을 만나면 재를 생할 수 있고, 칠살격이 상관을 만나면 칠살을 제복할 수 있으니, 오히려 주로 처가 내조할 수 있다. 처가 양인에 앉으면 흉하지만, 혹 재, 정관, 칠살, 상관 등의 격이 사주에서 이미 격국을 이루고 있고, 일간이 무기하여 오로지 일지 양인의 도움에 의지하면 처는 반드시 지아비를 도울 수 있으니, 그 이치를 하나만 고집하면 안 된다.

既看妻宮, 又看妻星. 妻星者, 干頭之財也. 妻透而成局, 若官格透財, 印多逢財, 食傷透財爲用之類, 即坐下無用, 亦主內助. 妻透而破格, 若印輕財露, 食神傷官, 透煞逢財之類, 即坐下有用, 亦防刑剋. 又有妻透成格, 或妻宮有用而坐下刑沖, 未免得美妻而難偕老. 又若妻星兩透, 偏正雜出, 何一夫而多妻. 亦防刑剋之道也.

이미 처궁을 보았으면 또한 처성을 보아야 한다. 처성이라는 것은 천간의 재이다. 처가 투간되고 격국을 이루는 경우, 가령 정관격에서 재가 투간되거나, 인수가 많은데 재를 만나거나, 식신격이나 상관격에서 재가 투간되어 유용한 경우에는 즉 일지가 무용해도 또한 주로 내조한다. 처가 투간되었으나 파격인 경우, 가령 인수가 약한데 재가 투간되거나, 식신격이나 상관격에서 투간된 칠살이 재를 만나는 부류는 즉 일지가 유용해도 또한 형극을 방비해야 한다. 또 처가 투간되어 재국을 이루고, 혹 처궁이 유용해도 일지가 형충이 있으면, 비록 아름다운 처를 얻더라도 해로하기 어려움을 면치 못한다. 또 만일 처성이 둘 다 투간되었지만 편재와 정재가 섞여 나오면 어찌 지아비는 하나인데 처가 많을 수 있는가? 이 역시 형극을 방비해야 하는 도이다.

至於子息, 其看宮分與看子星所透喜忌, 理與論妻略同. 但看子息, 長生沐浴之歌, 亦當熟讀. 如長生四子中旬半, 沐浴一雙保吉祥, 冠帶臨官三子位, 旺中五子自成行, 衰中二子, 病中一, 死中至老沒兒郎, 除非養取他之子, 入墓之時命夭亡, 受氣爲絶一個子, 胎中頭産養姑娘, 養中三子只留一, 男女宮中子細詳是也.

자식에 이르면, 그것은 궁위로 살피고 더불어 자식별이 투간된 희기를 보는데, 이치는 처를 논하는 것과 대략 같다. 다만 자식을 볼 때는 '장생목욕가'도 마땅히 숙독해야 한다. 예컨대 長生이면 자식이 넷인데 중순 이후이면 절반이고, 沐浴이면 한 쌍인데 길상을 보존하며, 冠帶와 臨官이면 3명의 자식 자리이고, 제왕이면 5명의 자식이 저절로 실현되며, 衰이면 자식이 2명, 病이면 자식이 1명, 死이면 늙을 때까지 아이가 없으니 오직 남의 자식을 양육하여 취하고, 墓이면 자식이 일찍 죽으며, 受氣는 絶이 되는데 자식이 1명이고, 胎이면 첫째로 딸을 양육하며, 養이면 세 명의 자식 중 하나만 남으니, 남녀의 자리 중 자식을 자세히 보아야 한다는 것이다.

然長生論法, 用陽而不用陰. 如甲乙日只用庚金長生, 巳酉丑順數之局, 而不用辛金逆數之子申辰. 雖書有官爲女煞爲男之說, 然終不可以甲用庚男而用陽局, 乙用辛男而陰局. 蓋木爲日主, 不問甲乙, 總以庚爲男辛爲女. 其理自然, 拘於官煞, 其能驗乎.

그러나 장생논법은 양간을 쓰고 음간을 쓰지 않는다. 예컨대 甲乙 일간은 단지 庚金의 장생인 巳酉丑 순행수의 국을 쓰고, 辛金의 역행수인 子申辰을 쓰지 않는다. 비록 『書에』 "정관은 딸이고 칠살은 아들이다."라는 설이 있더라도, 그러나 결국 甲은 庚이 아들이라는 양의 국을 쓰고, 乙은 辛이 아들이라는 음의 국을 쓰는 것은 불가하다. 대개 木 일간이면 甲乙을 불문하고 모두 庚이 아들이고 辛이 딸이다. 그 이치는 스스로 그러하니, 관살에 구애받는다면 그것은 증험할 수 있겠는가?

所以八字到手, 要看子息, 先看時支. 如甲乙生日, 其時果係庚金何宮, 或生旺, 或死絶, 其多寡已有定數. 然後以時干子星配之. 如財格而時干透食, 官格而時干透財之類, 皆謂時干有用, 即使時逢死絶, 亦主子貴, 但不甚繁耳. 若又逢生旺, 則麟兒繞膝, 豈可量乎. 若時干不好, 子透破局, 即逢生旺, 難爲子息. 若又死絶, 無所望矣.

此論妻子之大略也.

　따라서 팔자가 손에 들어오면 자식을 볼 때 먼저 時支를 보아야 한
다. 예컨대 甲乙 생일은 그 時支가 과연 庚金과 관계되어 어느 자리
인지 혹 생왕인지 혹 사절인지에 따라 자식의 다과는 이미 정해진 수
가 있다. 그 연후에 時干의 子星을 그것과 배합한다. 예컨대 재격인데
時干에 식신이 투간되거나, 정관격인데 時干에 재가 투간되는 부류
는 모두 時干이 유용하다고 말하며, 설령 時支에서 사절을 만나더라
도 역시 주로 자식이 貴한데, 다만 (자식이) 아주 많지는 않을 뿐이다.
만일 또 (時支에서) 생왕을 만나면 기린아가 무릎을 감싸고 있는 것을
어찌 헤아릴 수 있겠는가? 만일 時干이 좋지 않고 자성이 투간되어
격국을 깨면 즉 (時支에서) 생왕을 만나도 자식을 두기 어려운데, 만
일 또 사절을 만나면 (자식을) 바랄 수 없을 것이다. 이것이 처자를 논
하는 대략이다.

25. 행운론(論行運)

論運與看命無二法也. 看命以四柱干支, 配月令之喜忌, 而取運
則又以運之干支, 配八字之喜忌. 故運中每運行一字, 即必以此一
字, 配命中干支而統觀之, 爲喜爲忌, 吉凶判然矣.

운[35]을 논하고 명을 보는데 있어서 두 가지 방법은 없다. 간명은 사
주의 간지를 월령의 희기와 배정하는 것이고, 취운은 또 운의 간지를
팔자의 희기와 배정하는 것이다. 따라서 운 중의 매 운은 한 글자로 흐
르니, 즉 반드시 이 한 글자를 命 중의 간지와 배정하여 묶어서 운을
보면 좋은지 나쁜지 길흉이 분명해질 것이다.

何爲喜. 命中所喜之神, 我得而助之者是也. 如官用印以制傷, 而
運助印, 財生官而身輕, 而運助身, 印帶財以爲忌, 而運劫財, 食帶
煞以成格, 身輕而運逢印, 煞重而運助食, 傷官佩印, 而運行官煞,
陽刃用官, 而運助財鄉, 月劫用財, 而運行傷食, 如此之類, 皆美運
也.

어떤 것이 좋은가? 명 중에서 좋은 神을 내가 얻고 그것을 돕는 것

---

35) 여기서 운은 10년 단위의 대운을 의미한다.

이다. 예컨대 정관격에서 인수를 써서 상관을 제복하는데, 운에서 인수를 돕거나, 재생관에서 일간이 약한데 운에서 일간을 돕거나, 인수격이 재를 가지고 있어서 꺼리는데 운에서 재를 빼앗거나, 식신격이 칠살을 가지고 있음으로써 격을 이루지만 일간이 약한 경우 운에서 인수를 만나거나, 칠살이 중한데 운에서 식신을 돕거나, 상관이 인수를 차고 있는데, 운이 정관이나 칠살로 흐르거나, 양인격이 정관을 쓰는데, 운에서 재를 돕는 방향이거나, 월겁격에서 재를 쓰는데, 운이 상관이나 식신으로 흐르는 것이다. 이와 같은 부류는 모두 좋은 운이다.

何謂忌. 命中所忌, 我逆而施之者是也. 如正官無印, 而運行傷, 財不透食, 而運行煞, 印綬用官, 而運合官, 食神帶煞, 而運行財, 七煞食制, 而運逢梟, 傷官佩印, 而運行財, 陽刃用煞, 而運逢食, 建祿用官, 而運逢傷, 如此之類, 皆敗運也.

어떤 것을 나쁘다고 하는가? 명 중에서 나쁜 것을 일간이 거슬려서 그것을 행해지도록 하는 것이다. 예컨대 정관격에서 인수가 없는데 운이 상관으로 흐르거나, 재격에서 식신이 투간하지 않았는데 운이 칠살로 흐르거나, 인수격에서 정관을 쓰는데 운이 정관을 합거하거나, 식신격이 칠살을 가지고 있는데, 운이 재로 흐르거나, 칠살격에서 식신으로 제복하고 있는데 운에서 편인을 만나거나, 상관격에서 인수를 차고 있는데 운이 재로 흐르거나, 양인격에서 칠살을 쓰는데 운에서 식신을 만나거나, 건록격에서 정관을 쓰는데 운에서 상관을 만나는 것이다. 이와 같은 부류는 모두 실패운이다.

其有似喜而實忌者, 何也. 如官逢印運, 而本命有合, 印逢官運, 而本命用煞之類是也. 有似忌而實喜者, 何也. 如官逢傷運, 而命透印, 財行煞運, 而命透食之類是也. 又有行干而不行支者, 何也. 如丙生子月亥年, 逢丙丁則幫身, 逢巳午則相沖是也.

마치 좋은 것 같지만 실은 꺼리는 경우가 있으니, 어떤 경우인가? 예컨대 정관격에서 인수운을 만나는데 본명과 합이 있거나, 인수격에서 정관운을 만나는데 본명은 칠살을 쓰는 경우이다.

마치 꺼리는 것 같지만 실제로는 좋은 것도 있는데 어떤 경우인가? 예컨대 정관격에서 상관운을 만나는데 명에서 인수가 투간되거나, 재격에서 칠살운으로 흐르는데 명에서 식신이 투간되어 있는 경우이다.

또 천간에는 흐르고 지지에는 흐르지 말아야 하는 경우가 있으니, 어떤 경우인가? 예컨대 丙이 亥년 子월에 태어나고 丙丁을 만나면 일간을 돕지만, 巳午을 만나면 서로 충하는 것이다.

又有行支而不行干者, 何也. 如甲生酉月, 辛金透而官猶弱, 逢申酉則官植根, 逢庚辛則混煞重官之類是也.

또 지지에는 흐르지만 천간에는 흐르지 말아야 하는 것이 있는데, 어떤 경우인가? 예컨대 甲이 酉월에 태어나고 辛金이 투간되었지만 정관이 오히려 약한 경우에 申酉를 만나면 정관이 뿌리를 내리는 것이지만, 庚辛을 만나면 관살이 혼잡하게 되는 것이다.

○甲○辛 ○○　庚辛
○○酉○ 申酉　○○

又有干同一類而不兩行者, 何也. 如丁生亥月, 而年透壬官, 逢丙則幫身, 逢丁則合官之類是也.

또 천간운에서 같은 오행이지만 둘 다 흐르면 안되는 경우가 있으니, 어떤 경우인가? 예컨대 丁이 亥月에 태어나고 年에 壬정관이 투간되었는데, 丙운을 만나면 일간을 돕지만 丁운을 만나면 정관과 합하는 것이다.

○丁○壬　丙丁
○○亥○　○○

又有支同一類而不兩行者, 何也. 如戊生卯月, 丑年, 逢申則自坐長生, 逢酉則會丑以傷官之類是也.

또 지지운에서 동일한 오행이지만 둘 다 흐르면 안 되는 경우가 있으니, 어떤 경우인가? 예컨대 戊가 丑년 卯월에 태어나고 申운을 만나면 스스로 衰에 앉는 것이지만, 酉운을 만나면 丑과 삼합하여 상관의 종류가 되는 것이다.

○戊○○ ○○
○○卯丑 申酉

又有同是相沖而分緩急者, 何也. 沖年月則急, 沖日時則緩也. 又
有同是相沖而分輕重者, 何也. 運本美而逢沖則輕, 運既忌面又沖
則重也. 又有逢沖而不沖, 何也. 如甲用酉官, 行卯則沖, 而本命巳
酉相會, 則沖無力. 年支亥未, 則卯逢年會而不沖月官之類是也.

또 똑같이 상충하지만 완급으로 나뉘는 경우가 있으니, 어떤 경우
인가? (운이) 年月을 충하면 급하고, 日時를 충하면 완만한 것이다.
또 똑같이 상충하지만 경중으로 나뉘는 경우가 있으니, 어떤 경우인
가? 운이 본래 좋으면서 충을 만나면 가볍지만, 운이 이미 나쁜데 또
충을 만나면 무겁다. 또 충을 만나지만 충하지 못하는 경우가 있으니,
어떤 경우인가? 예컨대 甲이 酉정관을 용사신으로 삼는 경우에 운이
卯로 흐르면 충하지만 본명에서 巳酉가 서로 삼합하면 충이 무력해
진다. 年支가 亥나 未이면 卯가 年支와 삼합하니 月의 정관을 충하지
않는 부류이다.

○甲○○ ○
○○酉巳 卯

○甲○○　○
○○酉亥　卯

○甲○○　○
○○酉未　卯

　又有一沖而得兩沖者, 何也. 如乙用申官, 兩申並而不沖一寅, 運
又逢寅, 則運與本命, 合成二寅, 以沖二申之類是也. 此皆取之要法,
其備細則於各格取運章詳之.

　또 한번 충했는데 양충이 되는 경우가 있으니, 어떤 경우인가? 예
컨대 乙이 申정관을 쓰는데 두 개의 申이 나란히 하면 1개의 寅으로
충할 수 없는데, 운에서 또 寅을 만나면 운과 본명에서 합하여 2개의
寅이 되므로, 2개의 申과 충하는 부류이다. 이는 모두 운을 취하는 요
법이니, 그 자세한 규칙은 각 격의 취운 장에서 설명한다.

26. 행운의 성격·변격론(論行運成格變格)

命之格局, 成於八字, 然配之以運, 亦有成格變格之權, 其成格變格, 較之喜忌禍福尤重. 何爲成格. 本命用神, 成而未全, 從而就之者是也. 如丁生辰月, 透壬爲官, 而運逢申子以會之.

명의 격국은 팔자에서 이루어지지만, 그러나 운을 격국에 배정하면 또한 격을 이루거나 격을 변화시키는 권능이 있으니, 그 성격과 변격은 그것과 비교하면 희기와 화복이 더욱 무겁다. 어느 것이 성격인가? 본명의 용사신이 성격되었으나 아직 완전하지 않으니, 운에 따라 취하는 것이다. 예컨대 丁이 辰월에 태어나고 壬이 투간되면 정관을 쓰는데, 운에서 申이나 子를 만나면 辰과 삼합한다.

○丁壬○　○○
○○辰○　申子

乙生辰月, 或申或子會印成局, 而運逢壬癸以透之, 如此之類, 皆成格也.

乙이 辰월에 태어나고 혹 申이나 子와 삼합하여 인수국을 이루는데, 운에서 壬癸를 만나면 투간되니, 이와 같은 부류는 모두 성격이다.

```
○乙○○　壬 癸
申○辰 子 　○○
```

何爲變格. 如丁生辰月, 透壬爲官, 而運又逢戊, 透出辰中傷官.

어느 것이 변격인가? 예컨대 丁이 辰월에 태어나고 壬이 투간되면
정관격이 되는데, 운에서 또 戊를 만나면 辰 중 상관이 투간된다.

```
○丁 壬○　戊
○○辰○　○
```

壬生戌月, 丁己並透, 而支又會寅會午, 作財旺生官矣, 而運逢戊
土, 透出戌中七煞.

壬이 戌월에 태어나고 丁己가 함께 투간되고, 지지에서 또 寅午와
삼합하면 財旺生官格을 만드니, 운에서 戊土를 만나면 戌 중 칠살이
투간된다.

```
○壬丁己　戊
寅午戌○　○
```

壬生亥月, 透己爲用, 作建祿用官矣, 而運逢卯未, 會亥成木, 又化建祿爲傷. 如此之類, 皆變格也.

壬이 亥월에 태어나고 투간된 己를 쓰면 건록격으로서 정관을 쓰는 것인데, 운에서 卯未를 만나면 亥와 삼합하여 木국을 이루니, 또 건록격이 변하여 상관격으로 된다. 이와 같은 부류는 모두 변격이다.

○壬己○ ○○
○○亥○ 卯未

然亦有逢成格而不喜者, 何也. 如壬生午月, 運透己官, 而本命有甲之類是也.

그러나 또한 성격을 만나도 좋지 않은 경우가 있으니, 어떤 경우인가? 예컨대 壬이 午월에 태어나고 운에서 己정관이 투간되었는데, 본명에 甲이 있는 부류가 이것이다.

○壬甲○ 己
○○午○ ○

又有逢變格而不忌者, 何也. 如丁生辰月, 透壬用官, 逢戊而命有甲.

또한 변격을 만나도 꺼리지 않는 경우가 있으니, 어떤 경우인가? 예컨대 丁이 辰월에 태어나고 壬이 투간되어 정관을 용사신으로 삼는데, 戊를 만나고 命에 甲이 있는 경우이다.

○ 丁 壬 甲　戊
○○ 辰 ○　○

壬生亥月, 透己用官, 運逢卯未, 而命有庚辛之類是也. 成格變格, 關係甚大, 取運者其細詳之.

壬이 亥월에 태어나고 己가 투간되어 정관을 용사신으로 삼는데, 운에서 卯未를 만나고 命에 庚辛이 있는 부류가 이것이다. 성격과 변격은 관계가 매우 크니, 취운은 성격과 변격을 자세히 살펴야 한다.

辛 壬 己 庚　○○
○○ 亥 ○　卯 未

27. 희기의 간지 유별론 (論喜忌干支有別)

命中喜忌, 雖支干俱有, 而干主天, 動而有爲, 支主地, 靜以待用.
且干主一而支藏多, 爲福爲禍, 安不得殊. 譬如甲用酉官, 逢庚辛則
官煞雜, 而申酉不作此例. 申亦辛之旺地, 辛坐申酉, 如府官又掌道
印也.

명 중의 희기는 비록 천간과 지지에 모두 있더라도, 천간은 하늘을
주관하고 動으로써 쓰이지만 지지는 땅을 주관하고 靜으로써 쓰임을
기다린다. 또한 천간은 주로 하나이지만, 지지는 많은 것을 저장하고
있으니, 복이 되고 화가 되는 것이 어찌 다르지 않겠는가? 가령 甲이
酉정관을 용사신으로 삼는데, 庚辛을 만나면 관살이 혼잡이지만, 申
酉는 이러한 예를 만들지 않으니, 申 또한 辛의 왕지로서 辛이 申酉
에 앉으면 부관이 또 도의 인장을 맡는 것과 같기 때문이다.

○甲○○	○甲庚辛	○甲辛○
○○酉○	○○酉○	○○酉申

逢二辛則官犯重, 而二酉不作此例. 辛坐二酉, 如一府而攝二郡
也. 透丁則傷官, 而逢午不作此例. 丁動而午靜. 且丁己並藏, 焉知
其爲財也.

두 개의 辛을 만나면 정관이 중첩되지만, 두 개의 酉를 만나면 이러한 예를 만들지 않으니, 辛이 두 개의 酉에 앉으면 하나의 부관이 두 곳의 군을 다스리는 것과 같기 때문이다. 丁이 투간되면 상관격이 되는데, 午를 만나면 이러한 예를 만들지 않으니, 丁은 동적이고 午는 정적이기 때문이다. 또 丁과 己가 함께 암장되어 있는데, 그것이 재가 될지 어찌 알겠는가?

○甲辛辛	○甲辛○	○甲丁○	○甲○○
○○酉○	○○酉酉	○○○○	○○午○

然亦有支而能作禍福者, 何也. 如甲用酉官, 逢午本未能傷, 而又遇寅遇戌, 不隔二位, 二者合而火動, 亦能傷矣.

그러나 또한 지지가 화복을 만들 수 있는 경우가 있는데, 어떤 경우인가? 예컨대 甲이 酉정관을 용사신으로 삼는데, 午를 만나도 본래는 상할 수 없지만, 다시 寅이나 戌을 만나고 두 자리가 떨어지지 않으면 두 개가 합하여 火가 발동하니 또한 (酉정관을) 상할 수 있을 것이다.

○甲○○	○甲○○	○甲○○
午○酉○	午寅酉○	午戌酉○

即此反觀, 如甲生申月, 午不制煞, 會寅會戌, 二者淸局而火動, 亦能制煞矣. 然必會而有動, 是正與干有別也. 即此一端, 餘者可知.

즉 이와 반대로 보면, 예컨대 甲이 申월에 태어나면 午는 칠살을 제복할 수 없지만, 寅이나 戌과 삼합하면 두 개가 국을 맑게 하여 火가 발동하니 또한 칠살을 제복할 수 있을 것이다. 그러나 (지지는) 반드시 삼합해야 발동하니, 이것이 바로 천간과는 다른 것이다. 즉 이는 하나의 단서이니, 나머지도 알 수 있다.

○甲○○　○甲○○　○甲○○
午○申○　午寅酉○　午戌酉○

28. 지지 중 희기의 봉운투청론(論支中喜忌逢運透清)

支中喜忌, 固與干有別矣, 而運逢透淸, 則靜而待用者, 正得其用, 而喜忌之驗, 於此乃見. 何謂透淸. 如甲用酉官, 逢辰未卽爲財, 而運透戊, 逢午未卽爲傷, 而運透丁之類是也.

지지 중의 희기는 본래 천간과 다른데, 운에서 맑은 투간을 만나면 靜으로써 쓰임을 기다리다가 바로 그 쓰임을 얻으니, 그 희기의 증험이 여기서 마침내 드러난다. 어떤 것을 투간이 맑다고 하는가? 예컨대 甲이 酉정관을 용사신으로 삼는데, 辰을 만나도 아직은 즉시 재가 되지는 않다가 운에서 戊가 투간되거나, 午를 만나도 아직은 즉시 상관이 되지는 않다가 운에서 丁이 투간되는 경우이다.

若命與運二支會局, 亦作淸論. 如甲用酉官, 本命有午, 而運逢寅戌之類. 然在年則重, 在日次之, 至於時生於午, 而運逢寅戌會局, 則緩而不急矣.

만일 명과 운의 두 지지가 삼합국을 이루면 역시 맑다고 논한다. 예 컨대 甲이 酉정관을 용사신으로 삼는데, 본명에 午가 있고 운에서 寅 戌을 만나는 부류이다. 그러나 (午가) 年에 있으면 중하지만, 日에 있 으면 그 다음이고, 時에 午가 있고 운에서 寅戌 삼합국을 만나면 완만 하고 급하지 않을 것이다.

○甲○○　○甲○○　○甲○○　○○
○○酉午　○午酉○　午○酉○　寅戌

雖格之成敗高低, 八字已有定論, 與命中原有者不同, 而此五年 中, 亦能爲其禍福. 若月令之物, 而運中透淸, 則與命中原有者, 不 甚相懸, 卽前篇所謂行運成格變格是也.

비록 격의 성패와 고저는 팔자에서 이미 정론이 있으니, 명 가운데 원래 있는 것과는 다르더라도, 이 5년[36] 중에는 또한 그 화복이 될 수 있다. 만일 월령의 오행이 운 중에 맑게 투간하면 명 중에 원래 있었던 것과 심하게 서로 동떨어지지는 않으니, 즉 전편의 이른바 행운의 성 격과 변격이 이것이다.

故凡一八字到手, 必須逐干逐支, 上下統看. 支爲干之生地, 干爲 支之發用. 如命中有一甲字, 則統觀四支, 有寅亥卯未等字否, 有一

---

36) 대운은 천간과 지지로 각각 5년씩 작용한다고 보고 있다.

字, 皆甲木之根也. 有一亥字, 則統觀四干, 有壬甲二字否, 有壬則亥爲壬祿, 以壬水用, 有甲則亥爲甲長生, 以甲木用, 有壬甲俱全, 則一以祿爲根, 一以長生爲根, 二者並用. 取運亦用此術, 將本命八字, 逐干逐支配之而已.

그러므로 하나의 팔자가 손에 들어오면, 반드시 천간을 쫓고 지지를 쫓아 상하를 통합하여 살펴야 한다. 지지는 천간의 생지이고 천간은 지지가 쓰임을 발하는 것이기 때문이다. 예컨대 명 중에 하나의 甲자가 있으면 네 지지에 寅亥卯未 등의 글자가 없는지 통합하여 살피는데, 한 자라도 있으면 모두 甲木의 뿌리가 된다. 또 하나의 亥자가 있으면 네 천간에 壬甲 두 자가 없는지 통합하여 살피는데, 壬이 있으면 亥는 壬의 녹이 되므로 壬水를 쓰고, 甲이 있으면 亥는 甲의 장생이므로 甲木을 쓰며, 壬과 甲이 모두 있으면 하나는 녹으로서 뿌리가 되고, 하나는 장생으로서 뿌리가 되므로 두 자 모두 함께 쓴다. 운을 취하는 것도 이 방법을 쓰는데, 본명 팔자의 천간과 지지를 차례로 운과 배정할 뿐이다.

29. 속설의 잘못된 격국론(論時說拘泥格局)

八字用神專憑月令, 月無用神, 始尋格局. 月令, 本也, 外格, 末也. 今人不知輕重, 拘泥格局, 執假失真.

팔자에서 용사신은 오직 월령에 의거하는데, 월에 용사신이 없으면 비로소 다른 격국을 찾는다. 월령은 근본이고 외격은 말단이다.[37] 요즘 사람들은 경중을 모르고 격국에 집착하여 빠지는데, 가짜를 잡고 진짜를 놓치는 것이다.

故戊生甲寅之月, 時上庚申, 不以爲明煞有制, 而以爲專食之格, 逢甲減福.

그러므로 戊가 甲寅월에 태어나고 時에 庚申이 있으면 드러난 칠살격이 제복을 가진다고 여기지 않고, 전식격[38]이 甲을 만나서 복을 줄인다고 여긴다.

庚 戊 甲 ○

---

37) 체용론의 관점에서 월령과 외격을 설명하고 있다.

38) 서자평은 『明通賦』에서 "庚申 時가 戊日을 만나고 甲丙卯寅午丁이 없으면 食神이 명백히 왕성하다고 말한다(庚申時逢戊日, 無甲丙卯寅午丁, 名曰食神明旺)."고 했다.

申◯寅◯

丙生子月, 時逢巳祿, 不以爲正官之格, 歸祿幇身, 而以爲日祿歸
時, 逢官破局.

丙이 子월에 태어나고 時에서 巳 건록을 만나면 정관격이 귀록이
있어 일간을 돕는다고 여기지 않고, 일록귀시격[39]이 정관을 만나 파
국된다고 여긴다.

◯丙◯◯
巳◯子◯

辛日透丙, 時遇戊子, 不以爲辛日得官逢印, 而以爲朝陽之格, 因
丙無成.

辛일간으로 丙이 투간되고 時에서 戊子를 만나면 辛일간이 정관
을 얻고 인수를 만난다고 여기지 않고, 조양격[40]이 丙으로 인해 격을
이루지 못했다고 여긴다.

---

39) 서자평은 『明通賦』에서 "일간의 祿이 時에 돌아가고 정관이 없으면 청운이 길을 얻는
다고 말한다(日祿歸時沒官星, 號靑雲得路)."고 했다.
40) 서자평은 『明通賦』에서 "6辛 일간이 午가 없고 戊子時를 얻으면, 辛이 丙官을 합하여
귀하게 된다.(六辛日而無午字, 得戊子時, 辛合丙官爲貴)."고 했다.

戊 辛 丙 ○

子 ○ ○ ○

財逢時煞, 不以爲生煞攻身, 而以爲時上偏官.

재격이 時에서 칠살을 만나면 칠살을 생하여 일간을 공격한다고
여기지 않고, 시상편관격[41]으로 여긴다.

癸生巳月, 時遇甲寅, 不以爲暗官受破, 而以爲刑合成格.

癸가 巳월에 태어나고 時에서 甲寅을 만나면 암장된 정관이 파괴
된다고 여기지 않고, 형합격[42]이 이루어졌다고 여긴다.

甲 癸 ○ ○

寅 ○ 巳 ○

癸生冬月, 酉日亥時, 透戊坐戌, 不以爲月劫建祿, 用官通根, 而
以爲拱戌之格, 塡實不利. 辛日坐丑, 寅年亥月卯時, 不以爲正財之
格, 而以爲塡實拱貴.

---

41) 서자평은『明通賦』에서 "월령이 칠살을 완전히 제어하고 일간이 튼튼하면 위엄을 떨친
다(月令專制七煞身健鷹揚)."고 했다.
42) 서자평은『明通賦』에서 "6癸 일간이 천간에 土가 없고 甲寅時를 얻으면 寅刑巳格이
더욱 기이하다(六癸日而無干土, 得甲寅時, 寅刑巳格尤奇)."고 했다.

癸가 겨울에 태어나고 酉일, 亥시이며, 투간된 戊가 戌에 앉으면 월겁건록격으로서 쓰는 정관이 통근되었다고 여기지 않고, 戊을 끼우는 격43)인데, 戌이 이미 채워져서 불리하다고 여긴다. 辛일간이 丑에 앉고, 寅년 亥월 卯시이면 정재격44)으로 여기지 않고, 공귀격이 이미 채워졌다고 여긴다.

○癸○戊 ○辛○○
亥酉子戌 卯丑寅亥

乙逢寅月, 時遇丙子, 不以爲木火通明, 而以爲格成鼠貴. 如此謬論, 百無一是, 此皆由不知命理, 妄爲評斷.

乙이 寅월을 만나고, 時에서 丙子를 만나면 목화통명이라고 여기지 않고, 서귀격45)을 이루었다고 여긴다. 이와 같은 잘못된 이론은 백중 하나도 옳은 것이 없으며, 이는 모두 명리를 모르기 때문에 함부로 판단하는 것이다.

丙乙○○
子○寅○

---

43) 공귀격은 일지와 시지 사이에 정관이나 정재를 끼워서 불러오는 격을 말하는데, 끼워서 불러오려는 지지가 원국에 이미 있는 것을 꺼린다.
44) 정재격이 되려면 亥년 寅월 卯시가 되어야 한다.
45) 서자평은 『明通賦』에서 "陰木이 홀로 子時를 만나고 정관이 없으면, 乙이 쥐의 보금자리를 진압하여 가장 귀하다(陰木獨遇子時, 沒官星, 乙鎮鼠窠最貴)."고 했다.

30. 속설의 이와전와론(論時說以訛傳訛)

八字本有定理, 理之不明, 遂生異端, 妄言妄聽, 牢不可破. 如論干支, 則不知陰陽之理, 而以俗書體象歌訣爲確論. 論格局, 則不知專尋月令, 而以拘泥外格爲活變. 論生剋, 則不察喜忌, 而以傷旺扶弱爲定法. 論行運, 則不問同中有異, 而以干支相類爲一例.

팔자는 본래 정해진 이치가 있으나, 이치가 불명확하니 마침내 이단이 생겨 함부로 말하고 함부로 듣는 것이 굳어져 깨뜨릴 수 없다. 예컨대 간지를 논함에 음양의 이치를 모르고 속서의 체상가결을 확정된 이론으로 여기고, 격국을 논함에 오로지 월령에서 찾아야 하는 것을 모르고 외격을 고집하는 것을 임기응변에 능하다고 여기고, 생극을 논함에 희기를 살피지 않으면서 왕성한 것을 상하게 하고 약한 것을 돕는 것을 정법으로 여기고, 행운을 논함에 동일한 가운데서도 차이가 있다는 것을 불문하고, 천간과 지지가 서로 비슷하면 같은 것으로 여긴다.

究其緣由, 一則書中用字輕重, 不知其意, 而謬生偏見. 一則以俗書無知妄作, 誤會其說, 而深入迷途. 一則論命取運, 偶然湊合, 而遂以己見爲不易. 一則以古人命式, 亦有誤收, 卽收之不誤, 又以己意入外格, 尤爲害人不淺.

그 연유를 생각하면, 하나는 즉 책 가운데 쓰이는 글자의 경중인데, 그 뜻을 모르므로 오류가 편견을 낳은 것이다. 또 하나는 즉 속서에서 무지하여 함부로 지은 것인데도 그 설을 잘못 모아서 미로에 깊숙이 들어간 것이다. 하나는 명과 취운을 논함에 있어 우연히 임시변통되었는데도 마침내 자기가 본 것을 바꿀 수 없는 것으로 삼는 것이다. 하나는 즉 고인의 명식도 잘못 수집된 것이 있는데도 수집된 것이 틀리지 않다고 보고 자기가 의도적으로 외격에 넣으니, 특히 사람들에게 해를 끼치는 것이 가볍지 않다.

如壬申·癸丑·己丑·甲戌, 本雜氣財旺生官也. 而以爲乙亥時, 作時上偏官論, 豈知旺財生煞, 將救死之不暇, 於何取貴.

예컨대 壬申, 癸丑, 己丑, 甲戌은 본래 잡기재왕생관격인데, 乙亥 시로 여기고 시상편관격으로 논하니, 왕성한 재가 칠살이 생하여 장차 죽음에서 구제할 겨를도 없는데 어디서 귀를 취하는지 어찌 알겠는가?

甲 己 癸 壬

戊 丑 丑 申

此類甚多, 皆誤收格局也. 如己未·壬申·戊子·庚申, 本食神生財也, 而棄卻月令, 以爲戊日庚申合祿之格, 豈知本身自有財食, 豈不甚美. 又何勞以庚合乙, 求局外之官乎, 此類甚多, 皆硬入外格也.

이러한 부류는 아주 많은데, 모두 격국을 잘못 모은 것이다. 예컨대 己未 壬申 戊子 庚申은 본래 식신생재격인데도 월령을 버리고 戊日 庚申의 합록격으로 생각하면, 본신 스스로 재와 식을 가졌다는 것을 어찌 알겠는가? 어찌 매우 좋지 않는가? 또 왜 乙庚합으로 국 밖의 정관을 구하느라 수고하는가? 이러한 부류는 매우 많은데, 모두 억지로 외격에 넣은 것이다.

庚 戊 壬 己

申 子 申 未

人苟中無定見, 察理不精, 睹此謬論, 豈能無惑. 何況近日貴格不可解者, 亦往往有之乎. 豈知行術之人, 必以貴命爲指歸, 或將風聞爲實據, 或探其生日, 而卽以己意加之生時, 謬造貴格, 其人之八字, 時多未確, 卽彼本身, 亦不自知. 若看命者, 不究其本, 而徒以彼旣富貴, 遷就其說以相從, 無惑乎, 終身無解日矣.

사람이 구차한 가운데 정해진 견해가 없고 이치를 살피는 것이 정밀하지 않으면서 이러한 잘못된 이론을 보면 어찌 미혹당하지 않겠는가? 하물며 요즈음에도 어찌 귀격을 해석하지 못하는 사람들이 왕왕 있는가? 이 술수를 행하는 사람이 반드시 귀명을 숭배하는 사람으로 삼거나, 혹자는 풍문을 실제 근거로 삼거나, 혹은 그 생일을 탐구하고 자기 의도를 생시에 더하여 귀격을 잘못 만든다는 것을 어찌 알겠는가? 사람의 팔자에서 時는 아직 확정되지 않는 경우가 많은데, 즉 본인도 스스로 알지 못한다. 만일 간명하는 사람이 그 근본을 연구하지 않고, 공연히 이미 있는 부귀를 그 속설로 옮겨가서 상종한다면 미혹되지 않고 평생토록 깨닫는 날은 없을 것이다.

31. 정관격론(論正官)

官以剋身, 雖與七煞有別, 終受彼制, 何以切忌刑衝破害, 尊之若
是乎. 豈知人生天地間, 必無矯焉自尊之理. 雖貴極天子, 亦有天祖
臨之. 正官者分所當尊, 如在國有君, 在家有親, 刑衝破害, 以下犯
上, 烏乎可乎.

정관은 일간을 극하니 비록 칠살과는 다르더라도 결국은 극제를 받
는 것인데, 어찌 형충파해를 절대로 꺼리고, 정관을 높이는 것이 이와
같은가? 사람이 천지간에 태어나 스스로 높이려고 힘쓰는 이치는 반
드시 없고, 비록 지극히 귀한 천자라 하더라도 또한 하늘과 조상이 있
어 거기에 임한다는 것을 어찌 알겠는가? 정관은 직무상 당연히 높이
는 것으로서 나라에는 군주가 있고 집안에는 부모가 있는 것과 같은
데, 형충파해는 아랫사람이 윗사람을 범하는 것인데도 좋단 말인가?

以刑衝破害爲忌, 則以生之護之爲喜矣, 存其喜而去其忌則貴,
而貴之中又有高低者, 何也. 以財印並透者論之, 兩不相礙, 其貴也
大. 如薛相公命, 甲申・壬申・乙巳・戊寅, 壬印戊財, 以乙隔之, 水
與土不相礙, 故爲大貴.

형충파해를 꺼리면, 정관을 생하고 정관을 보호하는 것을 좋아할

것이니, 그 좋은 것을 지키고 그 꺼리는 것을 제거하면 귀하지만, 그러나 귀한 중에서도 고저가 있는데 어떤 경우인가?

재와 인수가 함께 투간된 것으로 논하면, 둘이 서로 방해가 되지 않아야 귀하기도 하고 크기도 하다. 예컨대 설상공 명은 甲申 壬申 乙巳 戊寅인데, 壬인수와 戊재를 乙이 간격을 두게 해서 水와 土가 서로 방해하지 않으니, 따라서 대귀하다.

戊 乙 壬 甲

寅 巳 申 申

若壬戌·丁未·戊申·乙卯, 雜氣正官, 透干會支, 最爲貴格, 而壬財丁印, 二者相合, 仍以孤官無輔論, 所以不上七品.

가령 壬戌 丁未 戊申 乙卯는 잡기의 정관이 투간되고 지지삼합하여 최고로 귀격을 이루지만, 壬재와 丁인수 둘이 서로 합하니, 이로 인해 "외로운 정관으로서 도움이 없는 것"으로 논하기 때문에 따라서 7품에 오르지 못했다.

乙 戊 丁 壬

卯 申 未 戌

若財印不以兩用, 則單用印不若單用財, 以印能護官, 亦能洩官, 而財生官也. 若化官爲印而透財, 則又爲甚秀, 大貴之格也. 如金狀

元命, 乙卯·丁亥·丁未·庚戌, 此並用財印, 無傷官而不雜煞, 所謂
去其忌而存其喜者也.

만일 재와 인수 둘을 쓸 수 없다면, 인수를 단독으로 쓰는 것은 재를
단독으로 쓰는 것만 못하니, 인수는 정관을 보호할 수 있지만 동시에
정관을 빼내기도 하는데 비해 재는 정관을 생하기 때문이다. 만일 정
관이 변해서 인수가 되고 재가 투간되면 또한 아주 빼어나니 대귀의 격
이 된다. 예컨대 금장원[46] 명은 乙卯 丁亥 丁未 庚戌인데, 이것은 재
와 인수를 함께 쓰는 것으로서, 상관을 없애고 칠살이 섞이지 않았으
니, 이른바 바로 그 꺼리는 것을 제거하고 그 좋은 것을 남기는 것이다.

庚 丁 丁 乙
戌 未 亥 卯

然而遇傷在於佩印, 混煞貴乎取清. 如宣參國命, 己卯·辛未·壬
寅·辛亥, 未中己官透干用清, 支會木局, 兩辛解之, 是遇傷而佩印
也.

그러나 상관을 만나면 인수를 차느냐에 달려 있고, 칠살이 섞이면
귀함은 맑은 것을 취하느냐에 달려 있다. 예컨대 선참국 명은 己卯 辛

---

46) 『漢典』 : 중국 고대 과거제 중 전시 갑과 1등 한 명을 말한다(我国古代科举制度中, 殿
試一甲第一名).

未 壬寅 辛亥인데, 未 중 己정관이 투간하여 용사신이 맑은데, 지지 삼합하여 木국을 이루지만 양 辛이 그것을 해결하니, 이는 상관을 만났지만 인수를 찬 것이다.

辛 壬 辛 己
亥 寅 未 卯

李參政命, 庚寅·乙酉·甲子·戊辰, 甲用酉官, 庚金混雜, 乙以合之, 合煞留官, 是雜煞而取淸也.

이참정[47]명은 庚寅 乙酉 甲子 戊辰인데, 甲은 酉정관을 용사신으로 삼지만 庚金이 섞였는데, 乙로 庚金을 합하여 칠살을 합거하고 정관을 남기니, 이는 칠살이 섞였지만 맑은 것을 취한 것이다.

戊 甲 乙 庚
辰 子 酉 寅

至於官格透傷用印者, 又忌見財, 以財能去印, 未能生官, 而適以護傷故也. 然亦有逢財而反大貴者, 如范太傅命, 丁丑·壬寅·己巳·丙寅.

---

47) 『漢典』: 參政은 관직명으로 참지정사의 약칭이다(职官名, 参知政事的简称).

정관격인데 상관이 투간되어 인수를 쓰면 또 재를 보는 것을 꺼리는데, 재는 인수를 제거할 수 있지만 아직 정관을 생할 수 없고 바로 상관을 보호하기 때문이다. 그러나 또한 재를 만나도 오히려 대귀한 사람이 있으니, 예컨대 범태부[48] 명은 丁丑 壬寅 己巳 丙寅이다.

丙 己 壬 丁
寅 巳 寅 丑

支具巳丑, 會金傷官, 丙丁解之, 透壬豈非破格. 卻不知丙丁並透, 用一而足, 以丁合壬而財去, 以丙制傷而官淸, 無情而愈有情. 此正造化之妙, 變幻無窮, 焉得不貴.

지지에서 巳丑이 삼합한 金상관국을 丙丁이 해결하고 있는데, 壬이 투간되었으니 어찌 파격이 아니겠는가? 그러나 丙丁이 함께 투간되었지만 하나만 써도 충분하다는 것을 모르는 것이며, 丁이 壬을 합하여 재가 제거되고, 丙이 상관을 제복하여 정관이 맑아지니, 무정하지만 더욱 유정해진 것이다. 이것이 바로 조화의 오묘함이요, 변환의 무궁함이니, 어찌 귀하지 않겠는가?

至若地支刑沖, 會合可解, 已見前篇, 不必再述, 而以後諸格, 亦

---

48) 『漢典』: 태부는 관직명으로 삼공 중의 하나이며, 지위는 태사 다음이고 태보의 위에 있다(职官名, 三公之一, 位次太师而在太保之上).

不談及矣.

    지지 형충에 이르면, 삼합이나 육합으로 해소할 수 있는 것은 이미 전편에서 보았으므로 다시 설명할 필요가 없고, 이후의 여러 격도 언급할 필요가 없을 것이다.

32. 정관격 취운론(論正官取運)

取運之道, 一八字則有一八字之論, 其理甚精, 其法甚活, 只可大略言之, 變化在人, 不可泥也. 如正官取運, 卽以正官所統之格, 分而配之. 正官而用財印, 身稍輕則取助身, 官稍輕則取助官. 若官露而不可逢合, 不可雜煞, 不可重官. 與地支刑沖, 不問所就何局, 皆不利也.

취운의 도는 한 개의 팔자에는 한 개의 팔자론이 있어서, 그 이치는 매우 정교하고 그 법은 매우 활발하지만 단지 그것을 대략 말할 수 있을 뿐이고, 변화는 사람에게 달려 있으니 빠지면 안 된다. 예컨대 정관격의 취운은 즉 정관으로 통합되는 격은 나누어 운과 배합한다. 정관격으로서 재와 인수를 쓰는데, 일간이 조금 가벼우면 일간을 돕는 운을 취하고, 정관이 조금 가벼우면 정관을 돕는 운을 취한다. 만일 정관이 투간되면 합을 만나면 안 되고, 칠살과 섞이면 안 되며, 정관이 중첩되어도 안 된다. 지지와 형충하면 어떤 국을 취하든지 불문하고 모두 불리하다.

正官用財, 運喜印綬身旺之地, 切忌食傷. 若身旺而財輕官弱, 卽仍取財官運可也. 正官佩印, 運喜財鄕, 傷食反吉. 若官重身輕而佩印, 則身旺爲宜, 不必財運也. 正官帶傷食而用印制, 運喜官旺印旺之鄉, 財運切忌. 若印綬疊出, 財運亦無害矣.

정관격이 재를 쓰면, 운은 인수 또는 일간이 왕성한 지지가 좋고 식상을 절대 꺼린다. 만일 일간이 왕성하고 재가 약하거나 정관이 약하면 즉 여전히 재운이나 정관운을 취하는 것이 좋다. 정관격이 인수를 차면 운은 재 방향도 좋지만 상관이나 식신도 오히려 길하다. 만일 정관이 무겁고 일간이 약한데 인수를 차면 일간이 왕성한 운이 좋고, 재운은 필요하지 않다. 정관격이 상관이나 식신을 가지고 있어서 인수를 써서 제복하면, 운은 정관이 왕성하고 인수가 왕성한 방향이 좋고, 재운은 절대로 나쁘다. 만일 인수가 중첩하여 나오면 재운도 해가 없을 것이다.

正官而帶煞, 傷食反爲不礙. 其命中用劫合煞, 則財運可行, 傷食可行, 身旺印綬亦可行, 只不可復露七煞. 若命用傷官合煞, 則傷食與財俱可行, 而不宜逢印矣. 此皆大略言之, 其八字各有議論. 運中每遇一字, 各有講究, 隨時取用, 不可言形. 凡格皆然, 不獨正官也.

정관격이 칠살을 가지고 있으면, 상관이나 식신도 오히려 방해가 되지 않는다. 그 명 가운데 겁재를 써서 칠살과 합하면 재운이 흘러도 좋고, 상관이나 식신운이 흘러도 좋으며, 일간이 왕성하면 인수운도 흘러도 좋지만, 단지 칠살운이 다시 투간되면 안 된다. 만일 명이 상관을 써서 합살하면 상관운이나 식신운과 재운이 흘러도 모두 좋지만 인수운을 만나면 좋지 않을 것이다. 이는 모두 대략 말하는 것이며, 팔자는 각각 의론이 있고, 운 가운데 매 한 자를 만날 때마다 각각의 사유가 있어 계절에 따라 취용하니, 형체를 말할 수 없다. 격은 모두 그러하며 유독 정관격만은 아니다.

33. 재격론(論財)

財爲我剋, 使用之物也, 以能生官, 所以爲美, 爲財帛, 爲妻妾, 爲
才能, 爲驛馬, 皆財類也. 財喜根深, 不宜太露. 然透一位以淸用, 格
所最喜, 不爲之露. 即非月令用神, 若寅透乙, 卯透甲之類, 一位亦
不爲過, 太多則露矣. 然而財旺生官, 露亦不忌. 蓋露不忌, 蓋露以
防劫, 生官則劫退. 譬如府庫錢糧, 有官守護, 即使露白, 誰敢劫之.
如葛參政命, 壬申·壬子·戊午·乙卯, 豈非財露. 唯其生官, 所以不
忌也.

재는 일간이 극하여 사용하는 것으로서 정관을 생할 수 있기 때문
에 따라서 좋은 것이며 재백, 처첩, 재능, 역마가 되니, 모두 재의 종류
이다. 재는 뿌리가 깊어야 좋고, 너무 노출되면 좋지 않다. 그러나 한
개가 투간하여 맑게 쓰이면 격은 가장 좋으며, 노출되지 않아야 한다.
즉 월령 용사신은 아니지만, 만일 寅에서 乙이 투간되거나 卯에서 甲
이 투간되는 경우에 한 개라면 역시 지나친 것은 아니지만, 지나치게
많으면 노출인 것이다. 그러나 재격이 왕성하여 정관을 생하면 노출
되어도 꺼리지 않는다. 대개 노출되어도 꺼리지 않는 것은 대체로 노
출되어도 겁재를 방비하는 정관을 생하면 겁재가 물러난다. 비유하자
면 관청 창고의 금전과 식량은 관리의 수호가 있으니, 설사 노출되어
도 누가 감히 그것을 겁탈하겠는가?

예컨대 갈참정 명은 壬申 壬子 戊午 乙卯인데, 어찌 재가 노출되지 않았겠는가? 다만 재가 정관을 생하기 때문에 꺼리지 않은 것이다.

乙 戊 壬 壬
卯 午 子 申

財格之貴局不一. 有財旺生官者, 身強而不透傷官, 不混七煞, 貴格也. 有財用食生者, 身強而不露官, 略帶一位比劫, 益覺有情. 如壬寅·壬寅·庚辰·辛巳, 楊待郎之命是也. 透官身弱, 則格壞矣.

재격이 귀한 국이 되는 경우는 한 가지가 아니다. 재왕생관격이 있는데, 일간이 강하고 상관이 투간되지 않으면서 칠살이 섞이지 않으면 귀격이다.

재격에서 식신을 써서 생하는 경우에는 일간이 강하고 정관이 투간되지 않으며 대략 한 개의 비겁을 가지고 있으면 유정함을 더 느낄 것이다. 예컨대 壬寅 壬寅 庚辰 辛巳는 양시랑의 명인데, 정관이 투간되고 일간이 약하면 격이 무너질 것이다.

辛 庚 壬 壬
巳 辰 寅 寅

有財格佩印者, 蓋孤財不貴, 佩印幫身, 即印取貴. 如乙未·甲申·丙申·庚寅, 曾參政之命是也,

재격이 인수를 찬 경우가 있는데, 대개 외로운 재격은 귀격이 아니지만, 인수를 차서 일간을 도우면 곧 인수가 귀격을 취하는 것이다. 예컨대 乙未 甲申 丙申 庚寅은 증참정 명이 이것이다.

庚 丙 甲 乙
寅 申 申 未

然財印不宜相並, 如乙未·己卯·庚寅·辛巳, 乙與己兩不相能, 即有好處, 小富而已.

그러나 재와 인수는 서로 나란히 있으면 좋지 않은데, 예컨대 乙未 己卯 庚寅 辛巳는 乙과 己는 둘이 서로 불화하니, 즉 좋은 곳에 있지만 작은 부자일 뿐이다.

辛 庚 己 乙
巳 寅 卯 未

有用食而兼用印者, 食與印兩不相礙, 或有暗官而去食護官, 皆貴格也. 如吳榜眼命, 庚戌·戊子·戊子·丙辰, 庚與丙隔兩戊而不相剋, 是食與印不相礙也.

식신을 쓰면서 더불어 인수를 쓰는 경우가 있는데, 식신과 인수가 둘이 서로 방해가 되지 않거나, 혹은 암장된 정관이 있으나 식신을 제거하여 정관을 보호하면 모두 귀격이다. 예컨대 오방안 명은 庚戌 戊子 戊子 丙辰인데, 庚과 丙이 두 개의 戊 때문에 사이가 떠서 서로 극하지 않으니, 이는 식신과 인수가 서로 방해가 되지 않는다.

丙 戊 戊 庚
辰 子 子 戌

如平江伯命, 壬辰·乙巳·癸巳·辛酉, 雖食印相剋, 而卻存巳中戊官, 是去食護官也. 反是則減福矣.

예컨대 평강백 명은 壬辰 乙巳 癸巳 辛酉인데, 비록 식신과 인수가 서로 극하더라도 도리어 巳 중 戊정관이 있으니, 이는 식신을 제거하고 정관을 보호하는 것이며, 이와 반대이면 복이 줄어들 것이다.

辛 癸 乙 壬
酉 巳 巳 辰

有財用傷官者, 財不甚旺而比強, 略露一位傷官以化之. 如甲子·辛未·辛酉·壬辰, 甲透未庫, 逢辛爲劫, 壬以化劫生財, 汪學士命是也.

재격으로서 상관을 쓰는 경우가 있는데, 재가 아주 왕성하지 않으면서 비견이 강하면, 대략 한 자리의 상관으로써 재를 인화시키는 것이다. 예컨대 甲子 辛未 辛酉 壬辰은 甲이 未庫에서 투간되고, 辛을 만나 비겁이 되었지만 壬으로 비겁을 인화시켜 재를 생하니, 왕학사[49] 명이다.

壬 辛 辛 甲
辰 酉 未 子

財旺無劫而透傷, 反爲不利. 蓋傷官本非美物, 財輕透劫, 不得已
而用之. 旺而露傷, 何苦用彼. 徒使財遇傷而死生官之具, 安望富貴
乎. 有財帶七煞者, 或合煞存財, 或制煞生財, 皆貴格也, 如毛狀元
命, 乙酉·庚辰·甲午·戊辰, 合煞存財也.

재격이 왕성한데 겁재가 없고 상관이 투간되면 오히려 불리하다. 대개 상관은 본래 아름다운 것이 아니지만 재가 가벼운 경우에 겁재가 투간하면 부득이 상관을 쓴다. 재가 왕성한 경우에 상관이 투간되면 어찌 꺼리면서도 상관을 쓰겠는가? 쓸데없이 재로 하여금 상관을 만나게 해서 살아있는 정관을 죽이도록 갖추도록 하니 어찌 부귀를 바랄 것인가?

재격이 칠살을 가지고 있는 경우가 있는데, 혹 칠살을 합거하고 재를 남기거나, 혹 (식신이) 칠살을 제복하고 재를 생하면 모두 귀격이

---

49) 『漢典』: 學士는 관직명이다. 당나라 개원 연간에 학사원을 설치했는데, 한림학사, 문학시종으로 불리었다(职官名. 唐开元年间设置学士院, 称为翰林学士, 为文学侍从).

다, 예컨대 모장원 명은 乙酉 庚辰 甲午 戊辰인데, 칠살을 합거하고 재를 남긴다.

戊甲庚乙
辰午辰酉

李禦史命, 庚辰·戊子·戊寅·甲寅, 制煞生財也.

이어사 명은 庚辰 戊子 戊寅 甲寅은 칠살을 제복하고 재를 생한다.

甲戊戊庚
寅寅子辰

有財用煞印者, 黨煞爲忌, 印以化之, 格成富局, 若冬土逢之亦貴格. 如趙待郎命, 乙丑·丁亥·己亥·乙亥, 化煞而即以解凍, 又不露財以雜其印, 所以貴也. 若財用煞印而印獨, 財煞並透, 非特不貴, 亦不富也.

재격이 칠살이나 인수를 쓰는 경우가 있는데, 무리지은 칠살은 꺼리지만 인수로 칠살을 인화시키면 격이 부국을 이루며, 만일 겨울 土가 인수를 만나면 역시 귀격이다. 예컨대 조시랑 명은 乙丑 丁亥 己亥 乙亥인데, 칠살을 변화시키고 해동시키며, 또 재를 노출시키지 않음으로써 그 인수를 남기니, 따라서 귀격이다. 만일 재격이 칠살이나

인수를 쓰는데 인수가 하나이고 재와 칠살이 함께 투간되면 귀하지
않을 뿐만 아니라 부유하지도 않다.

乙 己 丁 乙
亥 亥 亥 丑

至於壬生午月, 癸生巳月, 單透財而亦貴, 以月令有暗官也. 如丙
寅 · 癸巳 · 癸未 · 壬戌, 林尚書命是也.

壬이 午월에 태어나거나, 癸가 巳월에 태어나고 단독으로 재가 투
간되면 역시 귀격인데, 월령에 암장된 정관이 있기 때문이다. 예컨대
丙寅 癸巳 癸未 壬戌의 임상서 명이 이것이다.

壬 癸 癸 丙
戌 未 巳 寅

又壬生巳月, 單透財而亦貴, 以其透丙藏戊, 棄煞就財, 美者存而
憎者棄也. 如丙辰 · 癸巳 · 壬戌 · 壬寅, 王太僕命是也.

또한 壬이 巳월에 태어나고 단독으로 재가 투간되어 귀격인데, 丙
이 투간되고 戊가 암장된 것으로서 칠살을 버리고 재격을 취하기 때
문이며, 좋은 것은 남기고 꺼리는 것은 버리는 것이다. 예컨대 丙辰

癸巳 壬戌 壬寅의 왕태복[50]명이 이것이다.

壬 壬 癸 丙
寅 戌 巳 辰

至於劫刃太重, 棄財就煞, 如一尚書命, 丙辰 · 丙申 · 丙午 · 壬辰,
此變之又變者也.

劫刃이 지나치게 무거운 경우에 이르면, 재격을 버리고 칠살을 취
하니, 예컨대 어떤 상서 명은 丙辰 丙申 丙午 壬辰인데, 이것은 재격
이 변하고 또 변한 것이다.

壬 丙 丙 丙
辰 午 申 辰

---

50)『漢典』: 太僕은 관직명이다. 周대에는 왕명을 전하는 관직이었고, 秦汉 시에는 마차와
말 및 목축을 담당하는 관직이었다(职官名. 周代为传王命之官, 秦汉時为掌管车马及
牧畜的官).

34. 재격 취운론(論財取運)

財格取運, 即以財格所就之局, 分而配之. 其財旺生官者, 運喜身
旺印綬, 不利七煞傷官. 若生官而復透印, 傷官之地, 不甚有害. 至
於生官而帶食破局, 則運喜印綬, 而逢煞反吉矣.

재격의 취운은 즉 재격으로서 취하는 국을 나누어 운과 배정한다.
재격이 왕성하여 정관을 생하는 경우, 운은 일간이 왕성한 운이나 인
수운이 좋고, 칠살운이나 상관운은 불리하다. 만일 (재가) 정관을 생
하는데, 다시 인수가 투간되면 상관의 지지는 아주 해가 있는 것은 아
니다. (재가) 정관을 생하는데 식신을 가지고 있어 파국에 이르면, 운
은 인수운이 좋고 칠살운을 만나면 오히려 길할 것이다.

財用食生, 財食重而身輕, 則喜助身, 財食輕而身重, 則仍行財食,
煞運不忌, 官印反晦矣. 財格佩印, 運喜官鄕, 身弱逢之, 最喜印旺.
財用食印, 財輕則喜財食, 身輕則喜比印, 官運有礙, 煞反不忌也.

재격으로서 식신의 생을 쓰는 경우, 재와 식신이 무겁고 일간이 가
벼우면 일간을 돕는 운이 좋고, 재와 식신이 가볍고 일간이 무거우면
재운과 식신운으로 흘러야 하며, 칠살운도 꺼리지 않지만, 정관운이
나 인수운은 도리어 어두울 것이다.

재격으로서 인수를 차고 있는 경우, 운은 정관 방향이 좋고, 일간이 약한데 정관을 만나면 인수가 왕성한 운이 가장 좋다.

재격으로서 식신이나 인수를 쓰는 경우, 재가 가벼우면 재운이나 식신운이 좋고, 일간이 가벼우면 비견운이나 인수운이 좋으며, 정관 운은 방해가 있지만 칠살운은 오히려 꺼리지 않는다.

財帶傷官, 財運則亨, 煞運不利, 運行官印, 未見其美矣. 財帶七煞, 不論合煞制煞, 運喜食傷身旺之方. 財用煞印, 印旺最宜, 逢財必忌. 傷食之方, 亦任意矣.

재격으로서 상관을 가지고 있는 경우, 재운이면 형통하지만 칠살운 은 불리하고, 운이 정관운이나 인수운으로 흐르면 그 좋은 것이 나타 나지 않을 것이다.

재격으로서 칠살을 가지고 있는 경우, 칠살을 합하거나 칠살을 제 복하는지를 막론하고, 운은 식신운이나 상관운 및 일간이 왕성한 운 이 좋다.

재격으로서 칠살이나 인수를 쓰는 경우에는 인수가 왕성한 운이 가 장 좋지만, 재운을 만나면 반드시 꺼리는데, 상관이나 식신의 운은 또 한 상관없다.

35. 인수격론(論印綬)

印綬喜其生身, 正偏同爲美格. 故財與印不分偏正, 同爲一格而
論之. 印綬之格局亦不一. 有印而透官者, 正官不獨取其生印, 而卽
可以爲用, 與用煞者不同. 故身旺印強, 不愁太過, 只要官星淸純.
如丙寅 · 戊戌 · 辛酉 · 戊子, 張參政之命是也.

인수는 일간을 생하는 것을 좋아하니, 정인이나 편인 똑같이 좋은
격이다. 그러므로 재격과 인수격은 편과 정을 구분하지 않고 똑같이
하나의 격으로 논하는 것이다. 인수의 격국도 하나가 아니다. 인수격
으로서 정관이 투간된 경우가 있는데, 정관은 그 인수를 생하는 것을
취할 뿐만 아니라 곧 유용하게 될 수 있으니, 칠살을 쓰는 것과는 다르
다. 따라서 일간이 왕성하고 인수가 강하면, 아주 지나친 것을 걱정하
지 않으며, 단지 정관이 청순하기만 하면 된다. 예컨대 丙寅 戊戌 辛
酉 戊子의 장참정 명이 이것이다.

戊 辛 戊 丙

子 酉 戌 寅

然亦有帶傷食而貴者, 則如朱尙書命, 丙戌 · 戊戌 · 辛未 · 壬辰,
壬爲戊制, 不傷官也.

그러나 또한 (인수격으로서) 상관이나 식신을 가지면서 귀한 경우
가 있으니, 예컨대 주상서[51] 명은 丙戌 戊戌 辛未 壬辰인데, 壬은 戊
가 제복하니 정관을 상하지 않는다.

壬 辛 戊 丙
辰 未 戌 戌

又如臨淮侯命, 乙亥·己卯·丁酉·壬寅, 己爲乙制, 己不礙官也.

예컨대 임회후 명은 乙亥 己卯 丁酉 壬寅인데, 己는 乙이 제복하
니 己는 정관에게 방해가 되지 않는다.

壬 丁 己 乙
寅 酉 卯 亥

有印而用傷食者, 身强印旺, 恐其太過, 洩身以爲秀氣. 如戊戌·
乙卯·丙午·乙亥, 李狀元命也. 若印淺身輕, 而用層層傷食, 則寒貧
之局矣.

---

51)『漢典』: 尚書는 관직명이다. 수당 때 상서성을 설치하여 좌우 부사가 6부를 분장했는
데, 명 홍무제 13년 중서성을 폐지하고 6부의 상서가 정부를 분장하다가 청말에 6부를
병합하고 상서는 대신으로 바뀌었다(职官名. 隋, 唐设尚书省, 以左右仆射分管六部. 明
洪武十三年废中书省, 以六部尚书分掌政务. 清末并六部, 改尚书为大臣).

인수격으로서 상관이나 식신을 쓰는 경우가 있는데, 일간이 강하고
인수가 왕성하면, 그것이 너무 지나친 것을 두려워하니, 일간을 발산
함으로써 빼어난 기운이 된다. 예컨대 戊戌 乙卯 丙午 乙亥는 이장원
의 명인데, 만일 인수가 얕고 일간이 가벼운 경우 층층의 상관이나 식
신을 쓰면 춥고 가난한 국이었을 것이다.

乙 丙 乙 戊
亥 午 卯 戌

有用偏官者, 偏官本非美物, 藉其生印, 不得已而用之. 故必身重
印輕, 或身輕印重, 有所不足, 始爲有情. 如茅狀元命, 己巳 · 癸酉 ·
癸未 · 庚申, 此身輕印重也.

(인수격으로서) 편관을 쓰는 경우가 있는데, 편관은 본래 좋은 것은
아니지만, 인수를 생한다는 점에 의지하여 부득이 그것을 쓰는 것이
다. 따라서 반드시 일간은 무거운데 인수가 가볍거나, 혹 일간은 가벼
운데 인수가 무거워서 부족한 점이 있을 때 비로소 유정한 것이다. 예
컨대 모장원 명은 己巳 癸酉 癸未 庚申인데, 이것은 일간이 가볍고
인수가 무거운 경우이다.

庚 癸 癸 己
申 未 酉 巳

馬參政命, 壬寅·戊申·壬辰·壬寅, 此身重印輕也. 若身印並重
而用七煞, 非孤則貧矣.

마참정 명은 壬寅 戊申 壬辰 壬寅인데, 이것은 일간이 무겁고 인
수가 가벼운 경우이다. 만일 일간과 인수가 함께 무거워서 칠살을 쓰
면, 외롭지 않으면 가난할 것이다.

壬 壬 戊 壬
寅 辰 申 寅

有用煞而兼帶傷食者, 則用煞而有制, 生身而有洩, 不論身旺印
重, 皆爲貴格. 如乙丑·辛巳·己巳·庚午, 孫布政命是也.

(인수격으로서) 칠살을 쓰는데 상관이나 식신을 함께 가지고 있는
경우, 즉 칠살을 쓰는데 제복이 있거나, 일간을 생하는데 발산시키는
것이 있으면, 일간이 왕성하거나 인수가 무거운 것을 막론하고 모두
귀격이다. 예컨대 乙丑 辛巳 己巳 庚午의 손포정의 명이 이것이다.

庚 己 辛 乙
午 巳 巳 丑

有印多而用財者, 印重身強, 透財以抑太過, 權而用之, 只要根深,
無妨財破. 如辛酉·丙申·壬申·辛亥, 汪侍郎命是也.

(인수격으로서) 인수가 많아서 재를 쓰는 경우가 있는데, 인수가 무 겁고 일간이 강하면 투출된 재로 너무 지나친 인수를 누르기 위하여 저울질하여 쓰는 것이니, 단지 뿌리가 깊기만 하면 재가 (인수를) 파 괴하는 것도 무방하다. 예컨대 辛酉 丙申 壬申 辛亥의 왕시랑 명이 이것이다.

辛 壬 丙 辛
亥 申 申 酉

若印輕財重, 又無劫財以救, 則爲貪財破印, 貧賤之局也.

만일 인수가 가볍고 재가 무거운데, 또한 겁재의 구함이 없으면, 재 를 탐하여 인수가 파괴되는 것이니, 빈천한 국이다.

即或印重財輕而兼露傷食, 財與食相生, 輕而不輕, 即可就富, 亦 不貴矣. 然亦有帶食而貴者, 何也. 如庚寅 · 乙酉 · 癸亥 · 丙辰, 此牛 監薄命, 乙合庚而不生癸, 所以爲貴.

혹 인수가 무겁고 재가 가벼운데 아울러 상관이나 식신이 투간되면 재와 식신이 상생하니 가벼워도 가볍지 않고 즉 부를 취할 수 있으나, 또한 귀격이 되지는 못할 것이다.
그러나 또한 (인수격으로서) 식신을 가지고 있으면서 귀격이 되는 경우가 있으니, 어떤 경우인가? 예컨대 庚寅 乙酉 癸亥 丙辰, 이는

우감부 명인데, 乙이 庚을 합거하여 癸를 생할 수 없으므로 따라서 귀
격이 되었다.

丙 癸 乙 庚
辰 亥 酉 寅

若合財存食, 又可類推矣. 如己未·甲戌·辛未·癸巳, 此合財存
食之貴也.

만일 재를 합거하고 식신을 남기면 또한 유추할 수 있을 것이다. 예
컨대 己未 甲戌 辛未 癸巳, 이는 재를 합거하고 식신을 남기는 귀격
이다.

癸 辛 甲 己
巳 未 戌 未

又有印而兼透官煞者, 或合煞, 或有制, 皆爲貴格. 如辛亥·庚子·
甲辰·乙亥, 此合煞留官也.

또 인수격으로서 아울러 정관과 칠살이 투간된 경우가 있는데, 혹
합살하거나 혹 제복이 있으면 모두 귀격이다. 예컨대 辛亥 庚子 甲辰
乙亥, 이는 칠살을 합거하고 정관을 남기는 경우이다.

乙甲庚辛

亥辰子亥

壬子·癸卯·丙子·己亥, 此官煞有制也.

壬子 癸卯 丙子 己亥, 이는 정관이나 칠살에 제복이 있는 경우이다.

己丙癸壬

亥子卯子

至於化印爲劫, 棄之以就財官, 如趙知府命, 丙午·庚寅·丙午·
癸巳, 則變之又變者矣.

인수가 변하여 녹겁이 되는 경우가 있는데, 인수격을 버리고 재격
이나 정관격을 취해야 하니,52) 예컨대 조지부 명은 丙午 庚寅 丙午
癸巳인데, 즉 인수격이 변하고 또 변한 경우이다.

癸丙庚丙

巳午寅午

---

52) 여기서는 녹겁격으로 보지 않고, 일간과 오행이 같으면 격으로 보지 않는다는 원칙에
의거 투간된 다른 오행을 기준으로 격을 판단하고 있다.

更有印透七煞, 而劫財以存煞印, 亦有貴格, 如庚戌・戊子・甲戌・乙亥是也. 然此格畢竟難看, 宜細詳之.

또 인수격으로서 칠살이 투간된 경우가 있는데, 겁재로 칠살과 인수를 보존하면 또한 귀격이 되니, 예컨대 庚戌 戊子 甲戌 乙亥가 이것이다. 그러나 이 격은 반드시 보기 어려우니, 마땅히 자세히 살펴야 한다.

乙 甲 戊 庚
亥 戌 子 戌

36. 인수격 취운론(論印綬取運)

印格取運, 即以印格所成之局, 分而配之. 其印綬用官者, 官露印重, 財運反吉, 傷食之方, 亦爲最利. 若用官而帶傷食, 運喜官旺印綬之鄕, 傷食爲害, 逢煞不忌矣.

인수격의 취운은 즉 인수로 이룬 격국을 나누어 운과 배합한다. 인수격으로서 정관을 쓰는 경우에는, 정관이 투간되고 인수가 무거우면 재운이 오히려 길하고, 상관운이나 식신운의 방향이 또한 가장 이롭다. 만일 (인수격으로서) 정관을 쓰는데 상관이나 식신을 가지면 운은 정관이 왕성하거나 인수의 방향이 좋지만, 상관운이나 식신운은 해롭고, 칠살운을 만나도 꺼리지는 않을 것이다.

印綬而用傷食, 財運反吉, 傷食亦利, 若行官運, 反見其災, 煞運則反能爲福矣. 印用七煞, 運喜傷食, 身旺之方, 亦爲美地, 一見財鄕, 其凶立至. 若用煞而兼帶傷食, 運喜身旺印綬之方, 傷食亦美, 逢官遇財, 皆不吉也.

인수격으로서 상관이나 식신을 쓰면 재운은 오히려 좋고, 상관운이나 식신운도 이롭지만, 만일 정관운으로 흐르면 오히려 그 재앙을 만나고, 칠살운이면 반대로 복이 될 수 있을 것이다. 인수격으로서 칠살을 쓰면, 운은 상관운이나 식신운이 좋고, 일간이 왕성하는 방향도 좋은 지지이나, 재운 방향은 한번만 보아도 그 흉이 바로 도달한다. 만일 (인수격으로서) 칠살을 쓰는데 아울러 상관이나 식신을 가지고 있으면, 운은 일간이 왕성하거나 인수의 방향이 좋고, 상관운이나 식신운도 좋으나, 정관운을 만나거나 재운을 만나면 모두 불길하다.

印綬遇財, 運喜劫地, 官印亦亨, 財鄕則忌. 印格而官煞競透, 運喜食神傷官, 印旺身旺, 行之亦利. 若再透官煞, 行財運, 立見其災矣. 印用食傷, 印輕者亦不利見財也.

인수격으로서 재를 만나면, 운은 겁재의 지지가 좋고, 정관운이나 인수운도 형통하지만, 재운 방향이면 꺼린다. 인수격으로서 정관이나 칠살이 다투어 투간되면, 운은 식신이나 상관이 좋고, 인수가 왕성하거나 일간이 왕성하게 흐르면 이롭다. 만일 (인수격으로서) 정관이나 칠살이 다시 투간되고 재운으로 흐르면 그 재앙이 바로 나타날 것이다. 인수격으로서 식신이나 상관을 쓰는 경우에 인수가 가벼우면 또한 재운을 보면 불리할 것이다.

37. 식신격론(論食神)

食神本屬洩氣, 以其能生正財, 所以喜之, 故食神生財. 美格也. 財要有根, 不必偏正疊出, 如身強食旺而財透, 大貴之格. 若丁未・癸卯・癸亥・癸丑, 梁丞相之命是也.

식신은 본래 기운을 발산하는 것에 속하고, 식신은 정재를 생할 수 있기 때문에 따라서 식신을 좋아하니, 그러므로 식신생재격은 좋은 격이다. 재는 뿌리가 있는 것이 필요하며, 반드시 식신과 상관이 겹쳐서 투간될 필요는 없으니, 예컨대 일간이 강하고 식신이 왕성하며 재가 투간되면 대귀격이다. 가령 丁未 癸卯 癸亥 癸丑의 양승상 명이 이것이다.

癸 癸 癸 丁

丑 亥 卯 未

己未・壬申・戊子・庚申, 謝閣老之命是也.

己未 壬申 戊子 庚申의 사각로[53]명이 이것이다.

---

53) 『漢典』: 명・청시 입각하여 일을 처리하는 대학사를 각로라 불렀다(明,清時, 称入阁办

庚 戊 壬 己

申 子 申 未

藏食露傷, 主人性剛, 如丁亥 · 癸卯 · 癸卯 · 甲寅, 沈路分命是也.

식신을 암장하고 상관이 투간되면 주로 사람의 본성이 강한데, 예
컨대 丁亥 癸卯 癸卯 甲寅은 심로분[54]의 명이다.

甲 癸 癸 丁

寅 卯 卯 亥

偏正疊出, 富貴不巨, 如甲午 · 丁卯 · 癸丑 · 丙辰, 龔知縣命是也.

편재와 정재가 겹쳐서 투간되면 부귀가 크지 않으니, 예컨대 甲午
丁卯 癸丑 丙辰의 공지현[55]명이 이것이다.

丙 癸 丁 甲

辰 丑 卯 午

事的大学士为阁老).

54) 『漢典』: 路分은 1급 도로의 지방무관을 가르킨다(指路一级的地方武官).

55) 『漢典』: 知縣은 관직명으로 현의 정사를 관장하는 장관이며, 지금의 현장과 같다(职官
名. 掌管一县政事的长官, 犹今之县长).

夏木用財, 火炎土燥, 貴多就武. 如己未·己巳·甲寅·丙寅, 黃都
督之命是也.

여름의 木이 재를 쓰면, 火는 타오르고 土는 마르니, 귀함은 대부분
武를 성취한다. 예컨대 己未 己巳 甲寅 丙寅의 황도독 명이 이것이다.

丙甲己己
寅寅巳未

若不用財而就煞印, 最爲威權顯赫. 如辛卯·辛卯·癸酉·己未,
常國公命是也.

(식신격으로서) 만일 재를 쓰지 않고 칠살과 인수를 취하면 가장
권위가 찬란하다. 예컨대 辛卯 辛卯 癸酉 己未의 상국공[56] 명이 이
것이다.

己 癸 辛 辛
未 酉 卯 卯

若無印綬而單露偏官, 只要無財, 亦爲貴格, 如戊戌·壬戌·丙

---

56)『隋书』「百官志下」: 수대에 설치되어 명대까지 이어진 작위제의 9등급 중 3등급에 해
　　당하는 작위이다(国王, 郡王, 国公, 郡公, 县公, 侯, 伯, 子, 男为九等者).

子·戊戌, 胡會元命是也.

(식신격으로서) 만일 인수가 없고 단독으로 편관이 투간되면, 재가 없기만 하면 역시 귀격이 된다. 예컨대 戊戌 壬戌 丙子 戊戌의 호회원[57] 명이 이것이다.

戊 丙 壬 戊
戊 子 戊 戌

若金水食神而用煞, 貴而且秀, 如丁亥·壬子·辛巳·丁酉, 舒尚書命是也.

만일 금수식신격으로서 칠살을 쓰면, 귀하고도 또 빼어나니, 예컨대 丁亥 壬子 辛巳 丁酉의 서상서 명이 이것이다.

丁 辛 壬 丁
酉 巳 子 亥

至於食神忌印, 夏火太炎而木焦, 透印不礙, 如丙午·癸巳·甲子·丙寅, 錢參政命是也.

---

57)『漢典』: 과거시대 회시에서 1등한 사람을 말하며 회괴라고 부르기도 한다(科擧時代称 擧人会试的第一名. 亦称会魁).

식신격은 인수를 꺼리지만, 여름에 火가 너무 타오르면 木이 타니, 투간된 인수가 방해가 되지 않는다. 예컨대 丙午 癸巳 甲子 丙寅의 전참정 명이 이것이다.

丙 甲 癸 丙
寅 子 巳 午

食神忌官, 金水不忌, 即金水傷官, 可見官之謂.

식신격은 정관을 꺼리지만, 金水식신격은 (정관을) 꺼리지 않으니, 즉 金水상관격도 정관을 보는 것이 좋다고 말하는 것이다.

至若單用食神, 作食神有氣, 有財運則富, 無財運則貧. 更有印來奪食, 透財以解, 亦有富貴, 須就其全局之勢而斷之. 至於食神而官煞競出, 亦可成局, 但不甚貴耳.

만일 단독으로 식신을 쓰고 식신이 有氣한 경우, 재운이 있으면 부유하지만 재운이 없으면 가난하다. 또한 인수가 와서 식신을 빼앗는 경우가 있는데, 투간된 재로 해소하면 또한 부귀가 있지만, 반드시 전체 국의 형세를 취하여 판단해야 한다. 식신격으로서 정관과 칠살이 다투어 투간해도 역시 격을 이룰 수 있으나, 다만 아주 귀하지는 않을 뿐이다.

更有食神合煞存財, 最爲貴格. 至若食神透煞, 本忌見財, 而財先煞後, 食以間之, 而財不能黨煞, 亦可就貴. 如劉提台命, 癸酉·辛酉·己卯·乙亥是也.

또 식신격으로서 칠살을 합거하고 재를 남기는 경우가 있는데, 가장 귀격이다. 만일 식신격으로서 칠살이 투간하면 본래 재를 보는 것을 꺼리지만, 그러나 재가 앞에 있고 칠살이 뒤에 있으며 식신이 그 사이에 끼면 재가 칠살을 도울 수 없으므로 역시 귀를 취할 수 있다. 예컨대 유제태58) 명은 癸酉 辛酉 己卯 乙亥이다.

乙 己 辛 癸

亥 卯 酉 酉

其餘變化, 不能盡述, 類而推之可也.

그 나머지의 변화는 모두 서술할 수 없으니, 분류하여 추리할 수 있을 것이다.

---

58) 『漢典』: 제태(提台)는 제독의 존칭이다(提督的尊称).

38. 식신격 취운론(論食神取運)

食神取運, 即以食神所成之局, 分而配之. 食神生財, 財重食輕, 則行財食, 財食重則喜幫身, 官煞之方, 俱爲不美. 食用煞印, 運喜印旺, 切忌財鄕. 身旺, 食傷亦爲福運, 行官行煞, 亦爲吉也. 食神帶煞, 喜行印綬, 身旺, 食傷亦爲美運, 財則最忌. 若食太重而煞輕, 印運最利, 逢財反吉矣. 食神太旺而帶印, 運最利財, 食傷亦吉, 印則最忌, 官煞皆不吉也. 若食神帶印, 透財以解, 運喜財旺, 食傷亦吉, 印與官煞皆忌也.

식신격의 취운은 즉 식신으로 이룬 국을 나누어 운과 배합하는 것이다.

식신생재격으로서 재가 무겁고 식신이 가벼우면 재운과 식신운으로 흘러야 하고, 재와 식신이 무거우면 일간을 돕는 운이 좋지만, 정관이나 칠살의 방향은 모두 좋지 않다.

식신격으로서 칠살이나 인수를 쓰면, 운은 인수가 왕성한 방향이 좋지만 재의 방향은 절대로 꺼린다.

(식신격으로서) 일간이 왕성하면 식신운이나 상관운도 복운이며, 정관운이나 칠살운으로 흘러도 길하다.

식신격으로서 칠살을 가지고 있으면 인수운으로 흐르는 것이 좋고, 식신운이나 상관운 또한 좋은 운이 되지만, 재운은 가장 꺼린다.

(식신격으로서) 만일 식신이 매우 무겁고 칠살이 가벼우면 인수운이 가장 이롭고, 재운을 만나면 오히려 길할 것이다.

(식신격으로서) 식신이 지나치게 왕성하고 인수를 가지고 있으면 운은 재운이 가장 이롭고, 식신운이나 상관운도 길하지만, 인수운은 가장 꺼리고 정관운이나 칠살운 모두 불길하다.

만일 식신격으로서 인수를 가지고 있는 경우, 투간된 재로 해소하면 운은 재가 왕성한 방향이 좋고, 식신운이나 상관운도 길하지만, 인수운과 정관운 및 칠살운 모두 꺼린다.

39. 편관격론(論偏官)

煞以攻身, 似非美物, 而大貴之格, 多存七煞. 蓋控制得宜, 煞爲
我用,.如大英雄大豪傑, 似難駕馭, 而處之有方, 則驚天動地之功,
忽焉而就. 此王侯將相所以多存七煞也. 七煞之格局亦不一. 煞用
食制者, 上也, 煞旺食強而身健, 極爲貴格. 如乙亥·乙酉·乙卯·丁
丑, 極等之貴也.

칠살은 일간을 치므로 좋은 것은 아닌 것 같지만, 그러나 대귀격에
는 대부분 칠살이 있다. 대개 (칠살을) 제복하는 것이 좋으면 칠살은
내가 쓰는 것이 된다. 예컨대 큰 영웅호걸은 마치 통제하기 어려울 것
같지만 대처하는 방안이 있으면 경천동지하는 공이 갑자기 이루어진
다. 이것이 왕후장상에게는 대부분 칠살이 있는 까닭이다. 칠살의 격
국도 하나가 아니다.

칠살격으로서 식신을 써서 제복하면 상격이 되는데, 칠살도 왕성하
고 식신도 왕성하며 일간이 건왕하면 가장 귀격이다. 예컨대 乙亥 乙
酉 乙卯 丁丑은 최상의 귀격이다.

丁 乙 乙 乙

丑 卯 酉 亥

煞用食制, 不要露財透印, 以財能轉食生煞, 而印能去食護煞也.
然而財先食後, 財生煞而食以制之, 或印先食後, 食太旺而印制, 則
格成大貴. 如脫丞相命, 壬辰·甲辰·丙戌·戊戌, 辰中暗煞, 壬以透
之, 戊坐四支, 食太重而透甲印, 以損太過, 豈非貴格. 若煞強食洩
而印露, 則破局矣.

칠살격으로서 식신을 써서 제복하면, 재가 투간되거나 인수가 투간
되면 안 되는데, 재는 식신을 전환시켜 칠살을 생할 수 있고 인수는 식
신을 제거하여 칠살을 보호하기 때문이다. 그러나 재가 앞에 있고 식
신이 뒤에 있어서 재가 칠살을 생하지만 식신이 칠살을 제복하거나,
혹 인수가 앞에 있고 식신이 뒤에 있고 식신이 지나치게 왕성한데 이
를 인수가 제복하면 대귀격을 이룬다. 예컨대 탈승상 명은 壬辰 甲辰
丙戌 戊戌인데, 辰 중의 암장된 칠살이 壬으로 투간되고 戊가 네 지
지에 앉아 식신이 너무 무거운데, 투간된 甲인수로 너무 지나친 것을
덜어내니 어찌 귀격이 아니겠는가? (칠살격으로서) 만일 칠살이 강하
고 식신의 기운이 빠지고 있는데 인수가 투간되면 격국이 무너질 것
이다.

戊 丙 壬 甲
戌 戌 辰 辰

有七煞用印者, 印能護煞, 本非所宜, 而印有情, 便爲貴格. 如何
參政命, 丙寅·戊戌·壬戌·辛丑, 戊與辛同通月令, 是煞印有情也.

칠살격으로서 인수를 쓰는 경우가 있는데, 인수는 칠살을 보호할
수 있고, (칠살은) 본래 좋은 것은 아니지만 인수와 유정하면 곧 귀격
이 된다. 예컨대 하참정 명은 丙寅 戊戌 壬戌 辛丑인데, 戊와 辛이 월
령에 같이 통하니 이는 칠살과 인수가 유정한 것이다.

辛 壬 戊 丙
丑 戌 戊 寅

亦有煞重身輕, 用食則身不能當, 不若轉而就印. 雖不通根月令,
亦爲無情而有情, 格亦許貴, 但不大耳.

또한 (칠살격으로서) 칠살이 무겁고 일간이 가벼운 경우가 있는데,
식신을 쓰면 일간이 감당할 수 없고, 전환하여 인수를 이루는 것만 못
하다. 비록 월령에 통근하지 못한다고 하더라도 또한 무정하면서도
유정하니, 격도 어느 정도 귀하지만 다만 크게 귀하지는 않을 뿐이다.

有煞而用財者, 財以黨煞, 本非所喜, 而或食被印制, 不能伏煞,
而財以去印存食, 便爲貴格. 如周丞相命, 戊戌・甲子・丁未・庚戌,
戊被甲制, 不能伏煞, 時透庚財, 即以淸食者, 生不足之煞, 生煞即
以制煞, 兩得其用, 尤爲大貴.

칠살격으로서 재를 쓰는 경우가 있는데, 재는 칠살을 도와서 본래
좋은 것은 아니지만, 혹 식신이 인수의 제극을 받아 칠살을 제복할 수

없는 경우에는, 재로 인수를 제거하고 식신을 남기면 곧 귀격이 된다. 예컨대 주승상 명은 戊戌 甲子 丁未 庚戌인데, 戊가 甲의 극제를 받아 칠살을 제복할 수 없으나, 時에 투간된 庚재가 식신을 맑게 하고 부족한 칠살을 생하니, 칠살을 생하면서 곧 인수[59]를 제복하여 양쪽으로 그 쓰임을 얻으니, 아주 대귀하다.

庚 丁 甲 戊
戌 未 子 戌

又有身重煞輕, 煞又化印, 用神不清, 而借財以淸格, 亦爲貴格. 如甲申·乙亥·丙戌·庚寅, 劉運使命是也.

(칠살격으로서) 또한 일간이 무겁고 칠살이 가벼운데 칠살이 또 인수로 변하면 용사신이 맑지 않은데, 재를 빌려서 격을 맑게 하면 또한 귀격이 된다. 예컨대 甲申 乙亥 丙戌 庚寅의 유운사 명이 이것이다.

庚 丙 乙 甲
寅 戌 亥 申

更有雜氣七煞, 干頭不透財以淸用, 亦可取貴.

---

59) 앞뒤의 문맥으로 보면, 煞은 印의 오류로 보인다.

또한 잡기칠살격이 있는데, 천간에 재가 투간하지 않아서 격국이
맑으면 또한 귀함을 취할 수 있다.

有煞而雜官者, 或去官, 或去煞, 取清則貴. 如嶽統制命, 癸卯·丁
巳·庚寅·庚辰, 去官留煞也.

칠살격으로서 정관이 섞인 경우가 있는데, 혹 정관을 제거하거나
혹 칠살을 제거하여 맑게 되면 귀격이다. 예컨대 악통제[60] 명은 癸卯
丁巳 庚寅 庚辰인데, 정관을 제거하고 칠살을 남긴다.

庚 庚 丁 癸

辰 寅 巳 卯

夫官爲貴氣, 去官何如去煞. 豈知月令偏官, 煞爲用而官非用, 各
從其重. 若官格雜煞而去官留煞, 不能如是之清矣. 如沈郎中命, 丙
子·甲午·辛亥·辛卯, 子沖午而剋煞, 是去煞留官也.

무릇 정관은 귀한 기운인데, 정관을 제거하는 것이 칠살을 제거하
는 것과 어떻게 같은가? 월령편관격에서는 칠살은 용사신이 되지만
정관은 용사신이 되지 않으니, 각각 그 중요도를 따른다는 것을 어찌

---

60) 『漢典』: 統制는 관직명으로 송나라 때 설치되었으며, 여러 장수를 통괄한다. 원명 때
   는 설치하지 않았다(职官名. 宋置, 以总辖诸将. 元明不置).

알겠는가? 만일 정관격으로서 칠살이 섞인 경우에 정관을 제거하고 칠살을 남기면 이같이 맑게 할 수는 없을 것이다. 예컨대 심낭중 명은 丙子 甲午 辛亥 辛卯인데, 子가 午를 충하고 칠살을 극하니, 이는 칠살을 제거하고 정관을 남기는 것이다.

辛 辛 甲 丙
卯 亥 午 子

有煞無食制而用刃當者, 如戊辰·甲寅·戊寅·戊午, 趙員外命是也.

칠살격으로서 식신의 제복이 없어서 양인을 쓰는 것이 좋은 경우가 있는데, 예컨대 戊辰 甲寅 戊寅 戊午의 조원외[61] 명이 이것이다.

戊 戊 甲 戊
午 寅 寅 辰

至書有制煞不可太過之說, 雖亦有理, 然運行財印, 亦能發福, 不可執一也. 乃若棄命從煞, 則於外格詳之.

『書』의 "제살은 너무 지나치면 안 된다."는 설에 이르면, 비록 이치

---

61) 『漢典』: 員外는 관직명으로 원외랑의 간칭이다(职官名. 员外郎的简称).

가 있더라도, 그러나 운이 재운이나 인수운으로 가더라도 발복할 수 있으니, 한 가지를 고집하면 안 된다. 이에 만일 기명종살격이면 외격에서 자세히 설명한다.

40. 편관격 취운론(論偏官取運)

偏官取運, 即以偏官所成之局分而配之. 煞用食制, 煞重食輕則
助食, 煞輕食重則助煞, 煞食均而日主根輕則助身. 忌正官之混雜,
畏印綬之奪食.

편관격의 취운은 즉 편관으로 국을 이룬 것을 나누어 운과 배합하
는 것이다. 칠살격으로서 식신을 써서 제복하는 경우, 칠살이 무겁고
식신이 가벼우면 식신을 도와야 하고, 칠살이 가볍고 식신이 무거우
면 칠살을 도와야 하며, 칠살과 식신이 고른데 일간의 뿌리가 가벼우
면 일간을 도와야 한다. 정관의 혼잡을 꺼리고, 인수가 식신을 빼앗는
것을 두려워한다.

煞用印綬, 不利財鄕, 傷官爲美, 印綬身旺, 俱爲福地.

칠살격으로서 인수를 쓰면, 재의 방향은 불리하지만 상관운은 좋
고, 인수운이나 일간이 왕성한 운은 모두 복이 되는 지지이다.

煞用傷官行運與食同.

칠살격으로서 상관을 쓰면, 운의 흐름은 식신과 같다.

七煞用財, 其以財而去印存食者, 不利劫財, 傷食皆吉, 喜財怕印,
透煞亦順. 其以財而助煞不及者, 財已足, 則喜食印與幫身. 財未足,
則喜財旺而露煞.

칠살격으로서 재를 쓰면, 재로써 인수를 제거하고 식신을 남기는
것이므로 겁재운은 불리하지만 상관운이나 식신운은 모두 길하고, 재
운은 좋지만 인수운은 두려워하며, 투간된 칠살운은 순조롭다. 재로
칠살이 미치지 못하는 것을 돕는 경우, 재가 이미 충분하면 식신운, 인
수운, 일간을 돕는 운이 좋지만, 재가 아직 충분하지 않으면 재가 왕성
하거나 칠살이 투간되는 운이 좋다.

煞帶正官, 不論去官留煞, 去煞留官, 身輕則喜助身, 食輕則喜助
食. 莫去取清之物, 無傷制煞之神.

칠살격으로서 정관을 가지는 경우에는 정관을 제거하고 칠살을 남
기든지 칠살을 제거하고 정관을 남기든지를 막론하고, 일간이 가벼우
면 일간을 돕는 운이 좋고, 식신이 가벼우면 식신을 돕는 운이 좋다.
맑은 것을 취하는 것은 제거하면 안 되고, 칠살을 제복하는 신은 손상
되면 안 된다.

煞無食制而用刃當煞, 煞輕刃重則喜助煞, 刃輕煞重, 則宜制伏,
無食可奪, 印運何傷. 七煞既純, 雜官不利.

칠살격으로서 식신의 제복이 없어서 양인을 써서 칠살을 감당하는 경우가 있으니, 칠살이 가볍고 양인이 무거우면 칠살을 돕는 운이 좋지만, 양인이 가볍고 칠살이 무거우면 제복하는 운이 좋은데, 빼앗을 식신이 없으면 인수운에 어찌 상하겠는가? 칠살이 이미 순수하면 정관이 섞이면 불리하다.

41. 상관격론(論傷官)

傷官雖非吉神, 實爲秀氣, 故文人學士, 多於傷官格內得之. 而夏木見水, 冬金見火, 則又爲秀之尤秀者也. 其中格局比他格多, 變化尤多, 在查其氣候, 量其强弱, 審其喜忌, 觀其純雜, 微之又微, 不可執也.

상관은 비록 길신은 아니더라도 실은 빼어난 기운이므로 따라서 문인이나 학자는 대부분 상관격 안에서 빼어난 기운을 얻는다. 그런데 여름 木이 水를 보거나, 겨울 金이 火를 보면, 또한 빼어난 것이 더욱 빼어나게 된다. 그중 격국을 다른 격과 비교하면 많고, 변화는 더욱 많으니, 그 기후를 살피고, 그 강약을 헤아리며, 그 희기를 찾고, 그 순잡을 살피는데 달려 있으며, 미묘하고 또 미묘하니 고집하면 안 된다.

故有傷官用財者, 蓋傷不利於官, 所以爲凶, 傷官生財, 則以傷官爲生生官之具, 轉凶爲吉, 故最利. 只要身强而財有根, 便爲貴格, 如壬午‧己酉‧戊午‧庚申, 史春芳命也.

그러므로 상관격으로서 재를 쓰는 경우가 있는데, 대개 상관격은 정관에게는 이롭지 않기 때문에 흉하지만, 상관이 재를 생하면, 상관은 정관을 생하는 도구를 생하게 되므로, 凶이 전환되어 吉이 되니,

따라서 가장 이롭다. 단지 일간이 강하고 재의 뿌리가 있기만 하면 곧
귀격이 되는데, 예컨대 壬午 己酉 戊午 庚申은 사춘방 명이다.

庚 戊 己 壬
申 午 酉 午

至於化傷爲財, 大爲秀氣. 如羅狀元命, 甲子·乙亥·辛未·戊子.
干頭之甲, 通根於亥, 然又會未成局, 化水爲木, 化之生財, 尤爲有
情. 所以傷官生財, 冬金不貴, 以凍水不能生木. 若乃連水化木, 不
待於生, 安得不爲殿元乎.

상관이 변하여 재가 되면, 크게 빼어난 기운이 된다. 예컨대 나장원
명은 甲子 乙亥 辛未 戊子이다. 연간의 甲이 亥에 통근하고, 또 (亥
가) 未와 삼합국을 이루어 水가 변하여 木이 되는데, 상관이 변하여
재를 생하는 것이니, 더욱 유정하다. 상관생재격 중에서 겨울 金은 귀
격이 아닌데, 얼어붙은 水는 木을 생할 수 없기 때문이다. 만약 이어진
水가 木으로 변하면 (甲乙 재가) 생을 기다리지 않으니, 어찌 전원[62]이
되지 못하겠는가?

戊 辛 乙 甲
子 未 亥 子

---

62) 殿試壯元의 준말으로 마지막 단계인 전시에서 갑과 1등으로 급제한 사람을 말한다.

至於財傷有情, 與化傷爲財者, 其秀氣不相上下, 如秦龍圖命, 己
卯·丁丑·丙寅·庚寅, 己與庚同根月令是也.

재와 상관이 유정하면, 상관이 변하여 재가 된 것과 그 빼어난 기운
은 우열을 가릴 수 없다. 예컨대 진용도[63] 명은 己卯 丁丑 丙寅 庚寅
인데, 己상관과 庚財는 월령에 같은 뿌리를 두고 있는 것이다.

庚 丙 丁 己

寅 寅 丑 卯

有傷官佩印者, 印能制傷, 所以爲貴, 反要傷官旺, 身稍弱, 始爲
秀氣. 如李羅平章命, 壬申·丙午·甲午·壬申, 傷官旺, 印根深, 身
又弱. 又是夏木逢潤, 其秀百倍, 所以一品之貴.

상관패인격이 있는데, 인수는 상관을 제복할 수 있으므로, 따라서
귀격이며, 오히려 상관이 왕성하고 일간이 조금 약해야 비로소 빼어
난 기운이 된다. 예컨대 나평장[64] 명은 壬申 丙午 甲午 壬申인데, 상
관이 왕성하여 인수의 뿌리가 깊어도 일간은 또한 약하다. 그리고 이
것은 여름의 木이 습기를 만나 그 빼어남이 100배이니, 따라서 일품

---

63) 『漢典』: 龍圖는 송대 용도각 직학사의 간칭이다(宋代龙图阁直学士的简称).

64) 『漢典』: 平章은 관직명으로, 당송대 동평장사로 하여금 재상의 직을 수행하게 했고,
    원나라 때 평장을 부승상으로 두었다(职官名. 唐宋以同平章事为宰相之职, 元置平章
    为丞相之副).

의 귀격이다.

$$壬\ 甲\ 丙\ 壬$$
$$申\ 午\ 午\ 申$$

然印旺根深, 不必多見, 偏正疊出, 反爲不秀. 故傷輕身重而印綬
多見, 貧窮之格也.

그러나 인수가 왕성하고 뿌리가 깊으면 많이 보일 필요는 없으니
상관과 식신이 중첩되어 투간되면 오히려 빼어나지 않다. 따라서 상
관이 가볍고 일간이 무거운데 인수가 많이 보이면 빈궁한 격이다.

有傷官兼用財印者, 財印相剋, 本不並用, 只要干頭兩淸而不相
礙. 又必生財者, 財太旺而帶印, 佩印者, 印太重而帶財, 調停中和,
遂爲貴格. 如丁酉·己酉·戊子·壬子, 財太重而帶印, 而丁與壬隔
以戊己, 兩不礙, 且金水多而覺寒, 得火融和. 都統制命也.

상관격으로서 재와 인수를 함께 쓰는 경우가 있는데, 재와 인수가
서로 극하므로 원래는 함께 쓰지 못하지만, 단지 천간이 둘 다 맑고 서
로 방해하지 않아야 한다.

(상관격으로서) 또 반드시 재를 생해야 하는 경우, 재가 지나치게
왕성한데 인수를 가지고 있거나, 상관패인격으로서 인수가 지나치게
무거운데 재를 가지고 있는 경우, 중화를 조정하면 곧 귀격이 된다. 예

컨대 丁酉 己酉 戊子 壬子는 재가 지나치게 무거운데 인수를 가지고 있고, 丁과 壬은 戊己 때문에 사이 떠서 양쪽이 방해되지 않으며, 또한 金水가 많아서 차갑지만 火를 얻어 융화하니, 도통제의 명이다.

壬 戊 己 丁
子 子 酉 酉

又如壬戌·己酉·戊午·丁巳, 印太重而隔戊己, 而丁與壬不相礙, 一丞相命也. 反是則財印不並用而不秀矣.

또 예컨대 壬戌 己酉 戊午 丁巳는 인수가 지나치게 무겁지만 戊己 때문에 사이 떠서 丁과 壬이 서로 방해가 되지 않는데, 어떤 승상의 명이다. 이와 반대이면 재와 인수를 함께 쓸 수 없으니 빼어나지 못할 것이다.

丁 戊 己 壬
巳 午 酉 戌

有傷官用煞印者, 傷多身弱, 賴煞生印以幫身而制傷, 如己未·丙子·庚子·丙子, 蔡貴妃命也.

상관격으로서 칠살과 인수를 쓰는 경우가 있는데, 상관이 많고 일간이 약하면, 칠살이 인수를 생함으로써 일간을 돕고 상관을 제복하

는 것에 의지하니, 예컨대 己未 丙子 庚子 丙子의 채귀비 명이다.[65]

丙 庚 丙 己
子 子 子 未

煞因傷而有制, 兩得其宜, 只要無財, 便爲貴格, 如壬寅·丁未·丙
寅·壬辰, 夏閣老命是也.

칠살이 상관으로 인하여 제복되면 양쪽이 좋은데, 단지 재만 없으
면 곧 귀격이 되니, 예컨대 壬寅 丁未 丙寅 壬辰의 하각로 명이 이것
이다.

壬 丙 丁 壬
辰 寅 未 寅

有傷官用官者, 他格不用, 金水獨宜. 然要財印爲輔, 不可傷官並
透. 如戊申·甲子·庚午·丁丑, 藏癸露丁, 戊甲爲輔, 官又得祿, 所
以爲丞相之格. 若孤官無輔, 或官傷並透, 則發福不大矣.

상관격으로서 정관을 쓰는 경우가 있는데, 다른 격은 쓰지 않고 金

---

65) 유일한 여성의 명조이다. 당시까지만 해도 왕실과 관련된 여성에 한해 명리술을 통해
간명했을 것으로 추정된다.

水 상관격만 홀로 좋다. 그러나 재와 인수가 도움이 되어야 하고 상관이 함께 투간되면 안 된다. 예컨대 戊申 甲子 庚午 丁丑은 癸가 암장되고 丁이 투간하였으며, 戊와 甲이 도움이 되고, 정관도 녹을 얻으니, 따라서 승상의 격이 된다. 만일 정관이 외롭고 도움이 없는데 혹정관과 상관이 함께 투간하면 발복이 크지 않을 것이다.

丁 庚 甲 戊
丑 午 子 申

若冬金用官, 而又化傷爲財, 則尤爲極秀極貴, 如丙申·己亥·辛未·己亥, 鄭丞相命是也.

만일 겨울 金은 정관을 쓰는데, 또 상관이 변하여 재가 되면 지극히 빼어나고 지극히 귀하니, 예컨대 丙申 己亥 辛未 己亥의 정승상 명이 이것이다.

己 辛 己 丙
亥 未 亥 申

然亦有非金水而見官, 何也. 化傷爲財, 傷非其傷, 作財旺生官而不作傷官見官, 如甲子·壬申·己亥·辛未, 章丞相命也.

그러나 또한 金水 상관격이 아니면서 정관을 보는 경우가 있으니, 어떤 것인가? 상관이 변하여 재가 되면 상관은 바로 그 상관이 아니며, 재왕생관격을 만들고 상관견관격을 만들지 않으니, 예컨대 甲子 壬申 己亥 辛未의 장승상 명이다.

辛 己 壬 甲
未 亥 申 子

至於傷官而官煞並透, 只要干頭取清, 金水得之亦貴, 不然則空結構而已.

상관격으로서 정관과 칠살이 함께 투간되면, 단지 천간에서 맑은 것을 얻기만 하면 되는데, 金水 상관격은 맑은 것을 얻어도 귀격이 되지만, 그렇지 않으면 공허한 구조일 뿐이다.

42. 상관격 취운론(論傷官取運)

傷官取運, 卽以傷官所成之局, 分而配之. 傷官用財, 財旺身輕, 則利印比, 身強財淺, 則喜財運, 傷官亦宜. 傷官佩印, 運行官煞爲宜, 印運亦吉, 傷食不礙, 財地則凶. 傷官而兼用財印, 其財多而帶印者, 運喜助印, 印多而帶財者, 運喜助財. 傷官而用煞印, 印運最利, 傷食亦亨, 雜官非吉, 逢財即危. 傷官帶煞, 喜印忌財, 然傷重煞輕, 運喜印而財亦吉. 惟七煞根重, 則運喜傷食, 印綬身旺亦吉, 而逢財爲凶矣. 傷官用官, 運喜財印, 不利食傷. 若局中官露而財印兩旺, 則比劫傷官, 未始非吉矣.

상관격의 취운은 즉 상관으로 이룬 격국을 나누어 운과 배합하는 것이다.

상관격으로서 재를 쓰는데, 재가 왕성하고 일간이 가벼우면 인수운과 비겁운이 이롭지만, 일간이 강하고 재가 약하면 재운이 좋고 상관운도 좋다.

상관패인격은 운이 정관운이나 칠살운으로 흐르면 좋고, 인수운도 길하지만, 상관운이나 식신운은 방해가 되지 않으며, 재의 지지이면 흉하다.

상관격으로서 재와 인수를 함께 쓰는데, 그 재가 많고 인수를 가지고 있으면 운이 인수를 도와야 좋고, 인수가 많고 재를 띠고 있으면 운이 재를 도와야 좋다.

상관격으로서 칠살과 인수를 쓰면 인수운이 가장 이롭고, 상관운이나 식신운도 형통하지만, 정관운이 섞이면 길하지 못하고, 재운을 만나면 바로 위험하다.

상관격으로서 칠살을 가지고 있으면, 인수운은 좋고 재운은 꺼리지만, 그러나 상관이 무겁고 칠살이 가벼우면 인수운도 좋고 재운도 길하다. 다만 칠살의 뿌리가 무거우면 운은 상관운이나 식신운이 좋고, 인수나 일간이 왕성한 운도 길하지만, 재운을 만나면 흉할 것이다.

상관격으로 정관을 쓰면 운은 재운과 인수운이 좋지만 식신운이나 상관운은 불리하다. 만일 국 중에 정관이 투간되고 재와 인수 둘이 왕성하면 비겁운과 상관운은 길하지 않다고 할 수 없을 것이다.

43. 양인격론(論陽刃)

陽刃者, 劫我正財之神, 乃正財之七煞也. 祿前一位, 惟五陽有之, 故爲陽刃. 不曰劫而曰刃, 劫之甚也. 刃宜伏制, 官煞皆宜, 財印相隨, 尤爲貴顯. 夫正官而財印相隨美矣, 七煞得之, 夫乃甚乎. 豈知他格以煞能傷身, 故喜制伏, 忌財印, 陽刃用之, 則賴以制刃, 不怕傷身, 故反喜財印, 忌制伏也.

양인은 나의 정재를 빼앗는 신이고 곧 정재의 칠살로서 祿 앞 한 자리이지만 오직 다섯 양간이 가지니, 따라서 양인이 된다. 겁재라고 부르지 않고 양인이라 부르는 이유는 겁탈이 심하기 때문이다. 양인은 제복이 좋으므로 정관이나 칠살이 좋고, 재와 인수가 서로 뒤따르면 더욱 귀함이 나타난다. 무릇 정관으로서 재와 인수가 서로 뒤따르면 좋지만, 칠살으로서 재와 인수를 얻으면 더 좋은가? 어찌 다른 격에서 칠살은 일간을 다치게 할 수 있다는 것을 모르는가? 따라서 칠살은 제복이 좋고 재와 인수를 꺼리지만, 그러나 양인격으로서 칠살을 쓰면 양인을 제복하므로 일간이 상하는 것을 두려워하지 않으니, 따라서 오히려 재와 인수는 좋고 칠살이 제복되는 것을 꺼리는 것이다.

陽刃用官, 透刃不慮. 陽刃露煞, 透刃無成. 蓋官能制刃, 透而不爲害. 刃能合煞, 則有何功. 如丙生午月, 透壬制刃, 而又露丁, 丁與壬合, 則七煞有貪合忘剋之意, 如何制刃. 故無功也.

　　양인격으로서 정관을 쓰면 양인이 투간해도 걱정하지 않으나, 양인
격으로서 칠살이 투간되었는데 양인이 투간되면 (칠살이 합거되므로)
격을 이루지 못한다. 대개 정관은 양인을 제복할 수 있으니, 양인이 투
간되어도 해가 되지 않지만, 양인이 칠살을 합거하면 무슨 공이 있겠
는가? 예컨대 丙이 午월에 태어나고 투간된 壬이 양인을 제복하는데,
또 丁이 투간되어 丁과 壬이 합하면 칠살은 합을 탐해서 극을 잊어버
리는 뜻을 가지고 있으니, 어떻게 양인을 제복시킬 것인가? 따라서
공이 없는 것이다.

然同是官煞制刃, 而格亦有高低, 如官煞露而根深, 其貴也大. 官
煞藏而不露, 或露而根淺, 其貴也小. 若己酉·丙子·壬寅·丙午, 官
透有力, 旺財生之, 丞相命也.

　　그러나 똑같이 정관과 칠살은 양인을 제복시키지만, 격에는 또한
고저가 있으니, 예컨대 정관이나 칠살이 투간되고 뿌리가 깊으면 그
귀함이 또한 크다. 정관이나 칠살이 암장되고 투간되지 않거나, 혹 투
간은 되었지만 뿌리가 얕으면 그 귀함은 또한 작다. 가령 己酉 丙子
壬寅 丙午는 정관이 투간되었는데 힘이 있고 왕성한 재가 정관을 생

하니 승상의 명이다.

丙 壬 丙 己
午 寅 子 酉

又辛酉·甲午·丙申·壬辰, 透煞根淺, 財印助之, 亦丞相命也.

또 辛酉 甲午 丙申 壬辰은 투간된 칠살의 뿌리가 얕으나 재와 인수가 칠살을 도우니 역시 승상의 명이다.

壬 丙 甲 辛
辰 申 午 酉

然亦有官煞制刃帶傷食而貴者, 何也. 或是印護, 或是煞太重而裁損之, 官煞輕而取淸之, 如穆同知命, 甲午·癸酉·庚寅·戊寅, 癸水傷寅午之官, 而戊以合之, 所謂印護也.

그러나 (양인격으로서) 또한 정관이나 칠살이 양인을 제복하고 있는데, 상관이나 식신을 띠고 있으면서 귀격이 되는 경우가 있는데, 어떤 경우인가? 혹 인수가 (정관이나 칠살을) 보호하거나, 혹 칠살이 지나치게 무거운데 칠살을 잘라서 덜어내면 정관이나 칠살이 가벼워져도 그것을 맑게 하는 것을 취하니, 예컨대 목동지 명은 甲午 癸酉 庚寅 戊寅인데, 癸水가 寅午의 정관을 다치게 하지만 戊로 癸를 합거하니, 이른바 인수가 보호하는 것이다.

戊 庚 癸 甲
寅 寅 酉 午

如賈平章命, 甲寅·庚午·戊申·甲寅, 煞兩透而根太重, 食以制
之, 所謂裁損也.

예컨대 가평장 명은 甲寅 庚午 戊申 甲寅인데, 칠살이 양쪽으로
투간되고 뿌리가 지나치게 무겁지만 식신으로 칠살을 제복하니 이른
바 잘라서 덜어내는 것이다.

甲 戊 庚 甲
寅 申 午 寅

如丙戌·丁酉·庚申·壬午, 官煞競出, 而壬合丁官, 煞純而不雜.
況陽刃之格, 利於留煞, 所謂取清也.

예컨대 丙戌 丁酉 庚申 壬午는 정관과 칠살이 다투어 투간되었으
나, 壬이 丁정관을 합거하니, 칠살이 순수하고 섞이지 않았다. 하물며
양인격은 칠살이 남으면 이로우니, 이른바 맑은 것을 취하는 것이다.

壬 庚 丁 丙

午 申 酉 戌

其於丙生午月, 內藏己土, 可以剋水, 尤宜帶財佩印.

丙이 午월에 태어나면, 안에 암장된 己土는 水를 극할 수 있으니,
재를 가지고 인수를 차면 더욱 좋다.

○丙○○
○○午○

若戊生午月, 干透丙丁, 支會火局, 則化刃爲印, 或官或煞, 透則
去刃存印其格愈清.

만일 戊가 午월에 태어났는데, 丙丁이 투간되고 지지삼합으로 火
국을 이루면 양인이 변하여 인수가 되는데, 혹 정관이 투간되거나 혹
칠살이 투간되어 양인을 제거하고 인수를 남기면 그 격이 더욱 맑다.

甲 戊 丙 丁
戊 寅 午○

倘或財煞並透露, 則犯去印存煞之忌, 不作生煞制煞之例, 富貴
兩空矣. 更若陽刃用財, 格所不喜, 然財根深而用傷食, 以轉刃生財,
雖不比建祿月劫, 可以取貴, 亦可就富. 不然, 則刃與財相搏, 不成

局矣.

　만약 재와 칠살이 함께 투간되면, 인수를 제거하고 칠살을 남겨서 꺼리는 것을 범하니, 칠살을 생하거나 칠살을 제복하는 예로 삼지 않으며, 부귀가 둘 다 헛될 것이다. 또한 만일 양인격이 재를 쓰면, 격이 좋지는 않지만, 그러나 재의 뿌리가 깊고 상관이나 식신을 쓰면, 양인을 전환시켜 재를 생하니 비록 건록격과 월겁격이 귀함을 취할 수 있는 것과 비교할 수 없더라도, 또한 부를 이룰 수 있다. 그렇지 않으면 양인과 재는 서로 싸우니 국을 이루지 못할 것이다.

44. 양인격 취운론(論陽刃取運)

陽刃用官, 則運喜助官, 然命中官星根深, 則印綬比劫之方, 反爲
美運. 但不喜傷食合官耳. 陽刃用煞, 煞不甚旺, 則運喜助煞. 煞若
太重, 則運喜身旺印綬, 傷食亦不爲忌. 陽刃而官煞並出, 不論去官
去煞, 運喜制伏, 身旺亦利, 財地官鄕反爲不吉也.

양인격으로서 정관을 쓰면, 운은 정관을 돕는 운이 좋지만, 그러나
命 가운데 정관의 뿌리가 깊으면, 인수나 비겁의 방향도 오히려 좋은
운이 된다. 다만 상관이나 식신이 정관을 합하면 좋지 않을 뿐이다.

양인격으로서 칠살을 쓰는 경우, 칠살이 아주 왕성하지 않으면 운
은 칠살을 돕는 운이 좋다. 칠살이 만일 지나치게 무거우면 운은 일간
이 왕성한 방향이나 인수운이 좋고, 상관운이나 식신운도 꺼리지는
않는다.

양인격으로서 정관과 칠살이 함께 투간되면, 정관을 제거하든지 칠
살을 제거하든지 막론하고, 제복하는 운이 좋고, 일간을 왕성하게 하
는 운도 이롭지만, 재의 지지나 정관의 방향은 도리어 불길하다.

45. 건록월겁격론(論建祿月劫)

建祿者, 月建逢祿堂也. 祿卽是劫. 或以祿堂透出, 卽可依以用者, 非也. 故建祿與月劫, 可同一格, 不必另分, 以透干合支, 別取財官煞食爲用. 祿格用官, 干頭透出爲奇, 又要財印相隨, 不可孤官無輔. 有用官而印護者, 如庚戌 · 戊子 · 癸酉 · 癸亥, 金丞相命是也.

건록은 월건에서 녹당을 만나는 것이며, 녹은 곧 겁이다. 혹 녹당이 투간되더라도 그것에 의하여 용사신으로 삼을 수 있는 것은 아니다. 그러므로 건록과 월겁은 격이 같을 수 있고, 따로 나눌 필요가 없으니, 모두 투간이나 지지합으로서 재, 정관, 칠살, 식신을 별도로 취하여 용사신으로 삼는다.

녹격으로서 정관을 쓰면, 천간에 투간해야 기이하며, 또한 재와 인수가 뒤따라야 하니, 외로운 정관은 도움이 없으면 안 된다. (녹격으로서) 정관을 쓰는데, 인수가 (정관을) 보호하는 경우가 있으니, 예컨대 庚戌 戊子 癸酉 癸亥의 금승상 명이 이것이다.

癸 癸 戊 庚
亥 酉 子 戌

有用官而財助者, 如丁酉 · 丙午 · 丁巳 · 壬寅, 李知府命是也.

(녹격으로서) 정관을 쓰는데, 재가 돕는 경우가 있으니, 예컨대 丁酉 丙午 丁巳 壬寅의 이지부 명이 이것이다.

壬丁丙丁
寅巳午酉

有用官而兼帶財印者, 所謂身强值三奇, 尤爲貴氣. 三奇者, 財官印也, 只要以官隔之, 使財印兩不相傷, 其格便大. 如庚午·戊子·癸卯·丁巳, 王少師命是也.

(녹격으로서) 정관을 쓰는데, 재와 인수를 함께 가지고 있는 경우가 있으니, 이른바 일간이 강하고 삼기를 가지고 있으면 더욱 귀한 기운이다. 삼기는 재와 정관 및 인수이며, 단지 정관으로 그것을 사이 뜨게 하기만 하면, 곧 재와 인수로 하여금 양쪽이 서로 다치지 않게 하면, 그 격이 더욱 크다. 예컨대 庚午 戊子 癸卯 丁巳의 왕소사[66] 명이 이것이다.

丁癸戊庚
巳卯子午

祿劫用財, 須帶食傷. 蓋月令爲劫, 而以財作用, 二者相剋, 必以

---

66) 『漢典』: 少師는 관직명으로 그 관직은 삼공 다음이다(職官名. 其官職次于三公).

傷食化之, 始可轉劫生財. 如甲子·丙子·癸丑·壬辰, 張都統命是
也. 至於化劫爲財, 與化劫爲生, 尤爲秀氣.

　녹겁격으로서 재를 쓰면 반드시 식신이나 상관을 가지고 있어야 한
다. 대개 월령이 겁재인데 재를 쓰면, 둘이 서로 극하므로 반드시 상관
이나 식신으로 그것을 변화시켜야 비로소 겁재를 전환시켜 재를 생할
수 있기 때문이다. 예컨대 甲子 丙子 癸丑 壬辰의 장도통 명이 이것
이다. 겁재가 변하여 재가 되는 것은 겁재가 변하여 식상의 생이 되는
것과 함께 매우 빼어난 기운이다.

壬 癸 丙 甲
辰 丑 子 子

如己未·己巳·丁未·辛丑, 丑與巳會, 即以劫財之火爲金局之財,
安得不爲大貴. 所謂化劫爲財也.

　예컨대 己未 己巳 丁未 辛丑은 丑과 巳가 지지삼합하여 겁재의 火
가 金局의 재가 되니 어찌 크게 귀하지 않을 수 있겠는가? 이른바 겁
재가 변하여 재가 되는 것이다.

辛 丁 己 己
丑 未 巳 未

如高尚書命, 庚子・甲申・庚子・甲申, 即以劫財之金, 化爲生財之水, 所謂化劫爲生也.

예컨대 고상서 명은 庚子 甲申 庚子 甲申인데, 즉 겁재의 金이 변하여 재를 생하는 水가 되니, 이른바 겁재가 변하여 생이 되는 것이다.

```
甲 庚 甲 庚
申 子 申 子
```

祿劫用煞, 必須制伏. 如婁參政命, 丁巳・壬子・癸卯・己未, 壬合丁財以去其黨煞, 卯未會局以制伏是也.

녹겁격으로서 칠살을 쓰면 반드시 (칠살을) 제복하여야 한다. 예컨대 루참정 명은 丁巳 壬子 癸卯 己未인데, 壬이 丁재를 합거하여 칠살을 돕는 것을 제거하고, 卯未 지지삼합국으로 (칠살을) 제복하는 것이다.

```
己 癸 壬 丁
未 卯 子 巳
```

至用煞而又帶財, 本爲不美, 然能去煞存財, 又成貴格. 戊辰・癸亥・壬午・丙午, 合煞存財, 袁內閣命是也.

녹겁격으로서 칠살을 쓰는데, 또 재를 띠고 있으면 본래는 좋지 않으나, 그러나 칠살을 제거하고 재를 남길 수 있으면 또한 귀격을 이룬다. 戊辰 癸亥 壬午 丙午는 칠살을 합거하고 재를 남기니, 원내각 명이 이것이다.

丙 壬 癸 戊
午 午 亥 辰

其祿劫之格, 無財官而用傷食, 洩其太過, 亦爲秀氣. 唯春木秋金, 用之則貴, 蓋木逢火則明, 金生水則靈. 如張狀元命, 甲子 · 丙寅 · 甲子 · 丙寅, 木火通明也.

녹겁격은 재와 정관이 없으면 상관이나 식신을 쓰는데, 그 너무 지나친 것을 발산시키면 또한 빼어난 기운이 된다. 오직 봄의 木이나 가을의 金이 상관이나 식신을 쓰면 귀격이 되는데, 대개 木이 火를 만나면 밝고, 金이 水를 생하면 영험하다. 예컨대 장장원 명은 甲子 丙寅 甲子 丙寅인데, 木火가 매우 밝은 것이다.

丙 甲 丙 甲
寅 子 寅 子

又 癸卯 · 庚申 · 庚子 · 庚辰, 金水相涵也.

또한 癸卯 庚申 庚子 庚辰은 金水가 서로 적시는 것이다.

庚 庚 庚 癸
辰 子 申 卯

更有祿劫而官煞競出, 必取清, 方爲貴格. 如一平章命, 辛丑 · 庚
寅 · 甲辰 · 乙亥 · 合煞留官也.

또한 녹겁격으로서 정관과 칠살이 다투어 투간되면, 반드시 맑은
것을 취해야 비로소 귀격이 된다. 예컨대 어떤 평장 명은 辛丑 庚寅
甲辰 乙亥인데, 칠살을 합거하고 정관을 남긴다.

乙 甲 庚 辛
亥 辰 寅 丑

如辛亥 · 庚寅 · 甲申 · 丙寅, 制煞留官也. 倘或兩官競出, 亦須制
伏, 所謂爭正官, 不可無傷也.

예컨대 辛亥 庚寅 甲申 丙寅은 칠살을 제복하고 정관을 남긴다.
만일 두 정관이 다투어 투간되면 또한 반드시 제복해야 하니, 이른바
정관이 다투어도 상하지 않을 수 없기 때문이다.

丙 甲 庚 辛

寅 申 寅 亥

若夫用官而孤官無輔, 格局更小, 難於取貴, 若透傷食, 便爲破格.
然亦有官傷並透而貴者, 何也. 如己酉·乙亥·壬戌·庚子, 庚合乙
而去傷存官, 王總兵命也.

(녹겁격으로서) 만일 정관을 쓰는데, 외로운 정관이 도움을 받지 못
하면 격국이 아주 작아서 정관을 취하기 어려운데, 만일 상관이나 식
신이 투간되면 곧 파격이 된다.

그러나 (녹겁격으로서) 또한 정관과 상관이 함께 투간되어도 귀격
인 경우가 있는데, 어떤 것인가? 예컨대 己酉 乙亥 壬戌 庚子는 庚이
乙을 합하여 상관을 제거하고 정관을 남기는데, 왕총병[67] 명이다.

庚 壬 乙 己

子 戌 亥 酉

用財而不透傷食, 便難於發端. 然干頭透一位而不雜, 地支根多,
亦可取富, 但不貴耳.

(녹겁격으로서) 재를 쓰는데 상관이나 식신이 투간하지 않으면 곧

---

67) 『漢典』: 總兵은 관직명으로 명나라 때 설치된 고급 무관이다. 청나라 때는 고급 통장으
로서 지위는 제독 다음이다(职官名. 明朝设置, 为一高级武官. 奉令统军镇守. 清时为
绿营兵的高级统将, 位次提督).

자평진전 • 子平眞詮 223

일을 시작하기 어렵다. 그러나 천간에 하나가 투간하여 섞이지 않고, 지지의 뿌리가 많으면 또한 부를 취할 수 있으나, 다만 귀하지 않을 뿐이다.

用官煞重而無制伏, 運行制伏, 亦可發財, 但不可官煞太重, 致令身危也.

(녹겁격으로서) 정관이나 칠살을 쓰는데 제복이 없을 때 운이 제복으로 흐르면 또한 부자가 될 수 있으나, 다만 정관이나 칠살이 지나치게 무거우면 안 되니, 일간으로 하여금 위험에 이르도록 하기 때문이다.

46. 건록월겁격 취운론(論建祿月劫取運)

祿劫取運, 即以祿劫所成之局, 分而配之. 祿劫用官, 印護者喜財, 怕官星之逢合, 畏七煞之相乘. 傷食不能爲害, 劫比未即爲凶.

녹겁격의 취운은 즉 녹겁으로 이룬 격국을 나누어 운에 배정하는 것이다.

녹겁격으로서 정관을 쓰고 인수가 보호하는 경우에는 재운을 좋아하지만, 정관과 합을 만나는 운을 두려워하며, 칠살과 같이 투간되는 운을 두려워한다. 상관운이나 식신운은 해가 될 수 없고, 비겁운은 바로 흉이 되지는 않는다.

財生喜印, 宜官星之植根, 畏傷食之相侮. 逢財愈見其功, 雜煞豈能無礙.

(녹겁격으로서) 재가 (정관을) 생하는 경우에는, 인수운을 좋아하고 정관이 뿌리를 가지는 운도 좋으나, 상관이나 식신이 서로 능멸하는 운을 두려워한다. 재운을 만나면 공이 더욱 드러나지만, 칠살이 섞이면 어찌 방해가 없을 수 있겠는가?

祿劫用財而帶傷食, 財食重則喜印綬, 而不忌比肩, 財食輕則宜助財, 而不喜印比. 逢煞無傷, 遇官非福.

녹겁격으로서 재를 쓰고 상관이나 식신을 가지고 있는 경우에는, 재와 식신이 무거우면 인수운이 좋고 비견운은 꺼리지 않지만, 재와 식신이 가벼우면 재를 돕는 운이 좋고 인수운이나 비견운은 좋지 않다. 칠살운을 만나면 상하지 않지만, 정관운을 만나면 복이 되지 않는다.

祿劫用煞以食制, 食重煞輕, 則運宜助煞. 食輕煞重, 則運喜助食.

녹겁격으로서 칠살을 쓰는데 식신으로 제복하는 경우, 식신이 무겁고 칠살이 가벼우면 운은 칠살을 돕는 운이 좋고, 식신이 가볍고 칠살이 무거우면 운은 식신을 돕는 운이 좋다.

若用煞而帶財, 命中合煞存財, 則傷食爲宜, 財運不忌, 透官無慮, 身旺亦亨. 若命中合財存煞, 而用食制, 煞輕則助煞, 食輕則助食而已.

(녹겁격으로서) 만일 칠살을 쓰는데 재를 띠고 있는 경우, 命 중에서 칠살을 합거하고 財를 남기면, 상관운이나 식신운이 좋고, 재운은 꺼리지 않으며, 정관이 투간되는 운도 걱정이 없고, 일간이 왕성한 운도 형통한다. 만일 명 중에서 재를 합거하고 칠살을 남기면, 식신을 써서 제복하는데, 칠살이 가벼우면 (운에서) 칠살을 도와야 하고, 식신이 가벼우면 (운에서) 식신을 도와야 할 뿐이다.

祿劫而用傷食, 財運最宜, 煞亦不忌, 行印非吉, 透官不美. 若命中傷食太重, 則財運固利, 而印亦不忌矣.

녹겁격으로서 상관이나 식신을 쓰는 경우, 재운이 가장 좋고, 칠살운도 꺼리지 않으나, 인수운으로 흐르는 것은 좋지 않고, 정관이 투간되는 운은 좋지 않다. 만일 命 중에 상관이나 식신이 지나치게 무거우면 재운이 본래 이롭고, 인수운도 꺼리지 않을 것이다.

祿劫而官煞並出, 不論合煞留官, 存官制煞, 運喜傷食, 比肩亦宜, 印綬未爲良圖, 財官亦非福運.

녹겁격으로서 정관과 칠살이 함께 투간된 경우에는, 칠살을 합거하고 정관을 남기든지, 정관을 남기고 칠살을 제복하는 지를 따지지 않고, 상관운이나 식신운이 좋고, 비견운도 좋으나, 인수운은 좋은 그림이 되지 못하고, 재운과 정관운도 복운은 아니다.

47. 잡격론(論雜格)

雜格者, 月令無用, 以外格而用之, 其格甚多, 故謂之雜. 大約要干頭無官無煞, 方成格. 如有官煞, 則自有官煞爲用, 無勞外格矣. 若透財尚可取格, 然財根深, 或財透兩位, 則亦以財爲重, 不取外格也.

잡격은 월령에 쓸 것이 없어서 외격을 쓰는데, 그 격은 아주 많으므로 따라서 그것을 잡격이라고 부른다. 대략은 천간에 정관도 없고 칠살도 없어야 비로소 격을 이룬다. 예컨대 (천간에) 정관이나 칠살이 있으면 자연히 정관과 칠살을 용사신으로 삼으니, 외격에 애쓰지 않을 것이다. 만일 재가 투간하면 또한 격으로 취할 수 있는데, 그러나 재의 뿌리가 깊거나 재가 두 자리에 투간하면, 또한 재를 중하게 여기니, 외격을 취하지 않는다.

試以諸格論之, 有取五行一方秀氣者, 取甲乙全亥卯未·寅卯辰, 又生春月之類, 本是一派劫財, 以五行各得其全體, 所以成格, 喜印露而體純. 如癸亥·乙卯·乙未·壬午, 吳相公命是也. 運亦喜印綬比劫之鄕, 財食亦吉, 官煞則忌矣.

시험 삼아 여러 격을 논하면, 오행 중 한 방향의 빼어난 기운을 취하는 경우가 있는데, 甲乙이 亥卯未나 寅卯辰이 온전하고 또 봄에 태어난 부류는 본래는 일파의 겁재이지만, 오행이 각각 그 전체를 얻었으므로 따라서 격을 이룬 것이니, 인수가 투간되거나 體가 순수하면 좋다. 예컨대 癸亥 乙卯 乙未 壬午의 오상공 명이 이것이다. 운도 인수와 비겁의 방향이 좋고, 재운과 식신운도 길하지만, 정관운이나 칠살운은 꺼릴 것이다.

壬 乙 乙 癸
午 未 卯 亥

有從化取格者, 要化出之物, 得時乘令, 四支局全. 如丁壬化木, 地支全亥卯未·寅卯辰, 而又生於春月, 方爲大貴, 否則, 亥未之月亦是木地, 次等之貴. 如甲戌·丁卯·壬寅·甲辰, 一品貴格命也. 運喜所化之物與所化之印綬, 財傷亦可, 不利官煞.

변하는 것에 따라 격을 취하는 경우가 있는데, 변하여 나온 것이 계절을 얻어 시령을 타고 네 지지의 국이 온전해야 한다. 예컨대 丁壬이 木으로 변하고, 지지가 亥卯未나 寅卯辰으로 온전하며, 또 봄(寅卯辰월)에 태어나면 바야흐로 대귀하며, 그렇지 않으면, 亥未월도 木의 지지이므로 다음 등급으로 귀격이다. 예컨대 甲戌 丁卯 壬寅 甲辰은 일품의 귀격 명이다. 운은 변하는 오행운과 변하는 오행의 인수운이 함께 좋고, 재운 및 상관운도 좋지만,[68] 정관운이나 칠살운은 불리하다.

甲 壬 丁 甲
辰 寅 卯 戌

有倒沖成格者, 以四柱無財官而對面以沖之, 要支中字多, 方沖得動. 譬如以弱主邀強賓, 主不衆則賓不從. 如戊午·戊午·戊午·戊午, 是衝子財也.

거꾸로 충하여 격을 이루는 경우가 있는데, 사주에 재와 정관 없이 대면하여 충하여 얻는 것으로, 지지 중에 글자가 많아야 비로소 충으로 발동을 얻는다. 비유하자면 약한 주인이 강한 손님을 맞이할 때, 주인이 무리를 이루지 않으면 손님이 따르지 않는 것과 같다. 예컨대 戊午 戊午 戊午 戊午는 子라는 財를 충하여 얻는 것이다.

戊 戊 戊 戊
午 午 午 午

甲寅·庚午·丙午·甲午, 是衝子官也. 運忌塡實, 餘俱可行.

---

68) 喜는 '기쁘다', '좋다'는 의미이고, 可는 좋다, 괜찮다는 의미로서, 喜가 可보다 의미가 강하다.

甲寅 庚午 丙午 甲午는 子 정관을 충하여 얻는 것이다. 운은 채워
지는 것을 꺼리는데, 나머지 운은 모두 좋다.

甲 丙 庚 甲

午 午 午 寅

有朝陽成格者, 戊去朝丙, 辛日得官, 以丙戊同祿於巳, 卽以引汲
之意. 要干頭無木火, 方成其格, 蓋有火則無待於朝, 有木財觸戊之
怒, 而不爲我朝. 如戊辰‧辛酉‧戊子, 張知縣命是也. 運喜土金水,
木運平平, 火則忌矣.

朝陽하는 것으로 격을 이루는 경우가 있는데, 戊가 가서 丙을 알
현하면 辛 일간이 정관을 얻는다는 것으로서, 丙과 戊는 巳에서 같은
祿이기 때문에 바로 끌어 당긴다는 뜻이다. 천간에 木火가 없어야 비
로소 그 격을 이루는데, 대개 火가 있으면 알현하는 것을 기다리지 않
으며, 木재가 있으면 戊의 노여움을 촉발하여 일간을 위하여 알현하
지 않는다. 예컨대 戊辰 辛酉 辛酉 戊子의 장지현 명이 이것이다. 운
은 土金水운이 좋고, 木운은 보통이며 火운이면 꺼릴 것이다.

戊 辛 辛 戊

子 酉 酉 辰

有合祿成格者, 命無官星, 借干支以合之. 戊日庚申, 以庚合乙,

因其主而得其偶. 如己未 · 戊辰 · 戊辰 · 庚申, 蜀王命是也.

합록으로 격을 이루는 경우가 있는데, 命에 정관이 없으면 干支를
빌려 합하는 것이다. 戊 일간에 庚申이 있으면 庚이 乙을 합하는데,
일주로 인하여 그 짝을 얻는 것이다. 예컨대 己未 戊辰 戊辰 庚申의
촉왕 명이 이것이다.

庚 戊 戊 己

申 辰 辰 未

癸日庚申, 以申合巳, 因其主而得其朋. 如己酉 · 癸未 · 癸未 · 庚
申, 趙丞相命是也.

癸 일간에 庚申이면 申은 巳를 합하는데, 일주로 인하여 그 친구를
얻는 것이다. 예컨대 己酉 癸未 癸未 庚申의 조승상 명이 이것이다.

庚 癸 癸 己

申 未 未 酉

運亦忌塡實, 不利官煞. 更不宜以火剋金, 使彼受制而不能合. 餘
則吉矣.

운은 또한 이미 채워지는 것을 꺼리니, 정관운이나 칠살운은 불리

하다. 또한 火운은 金을 극함으로써 金으로 하여금 극제를 받아 합을 할 수 없게 하니, 좋지 않다. 나머지 운이면 길할 것이다.

有棄命從財者, 四柱皆財而身無氣, 捨而從之, 格成大貴. 若透印則身賴印生而不從, 有官煞則亦無從財兼從煞之理, 其格不成. 如庚申·乙酉·丙申·乙丑, 王十萬命造也. 運喜傷食財鄉, 不宜身旺.

命을 버리고 財를 따르는 경우가 있는데, 사주가 모두 財이고 일간이 氣가 없으면 버리고 재를 따르니, 격이 크게 귀하다. 만일 인수가 투간되면, 일간은 인수의 생에 의지하고 따르지 않고, 정관이나 칠살이 있어도 또한 재를 따르지 않으면서 살을 따르니 그 격이 성립되지 않는다. 예컨대 庚申 乙酉 丙申 乙丑은 왕십만의 명조이다. 운은 상관운, 식신운, 재운이 좋고 일간이 왕성한 운은 좋지 않다.

乙 丙 乙 庚
丑 申 酉 申

有棄命從煞者, 四柱皆煞, 而日主無根, 捨而從之, 格成大貴. 若有傷食, 則煞受制而不從, 有印則印以化煞而不從. 如乙酉·乙酉·乙酉·甲申, 李侍郞命是也. 運喜財官, 不宜身旺, 食傷則尤忌矣.

명을 버리고 칠살을 따르는 경우가 있는데, 사주가 모두 칠살이고 일간이 뿌리가 없으면 버리고 칠살을 따르니, 격은 대귀하다. 만일 상관이나 식신이 있으면 칠살은 제복을 받아 따르지 않으며, 인수가 있으면 인수로 칠살을 변화시키고 따르지 않는다. 예컨대 乙酉 乙酉 乙酉 甲申의 이시랑 명이 이것이다. 운은 재운과 정관운은 좋지만, 일간이 왕성한 운은 좋지 않으며, 식신운과 상관운은 더욱 꺼릴 것이다.

甲 乙 乙 乙
申 酉 酉 酉

有井欄成格者, 庚金生三七月, 方用此格. 以申子辰沖寅午戌, 財官印綬, 合而沖之. 若透丙丁, 有巳午, 以現有財官, 而無待於沖, 乃非井欄之格矣. 如戊子·庚申·庚申·庚辰, 郭統制命也. 運喜財, 不利填實, 餘亦吉也.

우물 간막이가 격을 이루는 경우가 있는데, 庚金이 辰월이나 申월에 태어나야 비로소 이 격을 쓴다. 申子辰으로 寅午戌을 충하는데, 즉 재·정관·인수를 합으로 충하는 것이다. 만약 丙丁이 투간되거나 巳午가 있으면 현재 재와 정관이 있기 때문에 충을 기다리지 않으니, 이에 정란격이 아닐 것이다. 예컨대 戊子 庚申 庚申 庚辰은 곽통제의 명이다. 운은 재운이 좋고, 채워지는 운은 불리하며, 나머지지 운은 길하다.

庚 庚 庚 戊
辰 申 申 子

有刑合成格者, 癸日甲寅時, 寅刑巳而得財官, 格與合祿相似, 但合祿則喜以合之, 而刑合則硬以致之也. 命有庚申, 則木被沖剋而不能刑. 有戊己字, 則現透官煞而無待於刑, 非此格矣. 如乙未·癸卯·癸卯·甲寅, 十二節度使命是也. 運忌填實, 不利金鄕, 餘則吉矣.

刑合으로 격을 이루는 경우가 있는데, 癸 일간이 甲寅시이면, 寅이 巳를 刑하여 재와 정관을 얻는 것이다. 형합격은 합록격과 서로 비슷한데, 다만 합록격은 기쁘게 합하는 것이지만, 형합격은 억지로 오게 하는 것이다. 명에 庚申이 있으면 木이 충극을 받으므로 刑을 할 수 없다. 戊己가 있으면 현재 정관이나 칠살이 투간되어 刑을 기다리지 않으니, 형합격은 아닐 것이다. 예컨대 乙未 癸卯 癸卯 甲寅의 12 절도사 명이 이것이다. 운은 채워지는 운을 꺼리고, 金운도 불리하지만, 나머지 운은 길할 것이다.

甲 癸 癸 乙
寅 卯 卯 未

有遙合成格者, 巳與丑會, 本同一局, 丑多則會巳而辛丑得官, 亦合祿之意也. 如辛丑·辛丑·辛丑·庚寅, 章統制命是也.

요합으로 격을 이루는 경우가 있는데, 巳와 丑은 삼합하여 본래 같은 국이니, 丑이 많으면 巳와 삼합하여 辛丑 일간은 정관을 얻으니,

또한 合祿의 뜻이다. 예컨대 辛丑 辛丑 辛丑 庚寅의 장통제 명이 이
것이다.

庚 辛 辛 辛
寅 丑 丑 丑

若命中有子字, 則丑與子合而不遙, 有丙丁戊己, 則辛癸之官煞
已透, 而無待於遙, 另有取用, 非此格矣. 至於甲子遙巳, 轉輾求合,
似覺無情, 此格可廢, 因羅禦史命, 聊復存之. 爲甲申 · 甲戌 · 甲子 ·
甲子, 羅禦史命是也.

만일 명 중에 子자가 있으면 丑과 子가 합하니 요합하지 않고, 丙
丁戊己가 있으면 辛癸의 정관이나 칠살이 이미 투간되었으므로 요
합을 기다리지 않고 별도로 격국을 취하니 요합격은 아닐 것이다. 甲
子일이 巳를 요합하는 것은 전전하여 합을 구하는 것으로 거의 무정
한 것 같아서 이 격은 폐지하는 것이 좋으나, 나어사의 명 때문에 부족
하나마 다시 자요사격을 남긴다. 甲申 甲戌 甲子 甲子의 나어사 명이
이것이다.

甲 甲 甲 甲
子 子 戌 申

若夫拱祿 · 拱貴 · 趨乾 · 歸祿 · 夾戌 · 鼠貴 · 騎龍 · 日貴 · 日德 · 福

祿·魁罡·食神時墓·兩干不雜·干支一氣·五行具足之類, 一切無
理之格, 概置勿取. 即古人格內, 亦有成式, 總之意爲牽就, 硬填入
格, 百無一是, 徒誤後學而已.

가령 공록격, 공귀격, 추건격, 귀록격, 협술격, 서귀격, 기룡격, 일귀
격, 일덕격, 복록격, 괴강격, 식신시묘격, 양간부잡격, 간지일기격, 오
행구족격의 종류는 일절 이치가 없는 격이니, 대강 내버려두고 취하
지 말아야 한다. 즉 옛사람의 격 안에도 이룬 격식이 있으나, 전체적인
뜻은 끌어와 이루고 억지로 채워서 격을 이룬 것으로서 백 중 하나도
옳은 것이 없고 공연히 후학들을 오도할 뿐이다.

乃若天地雙飛, 雖富貴, 亦有自有格, 不全賴此, 而亦能增重基格.
即用神不甚有用, 偶有依以爲用, 亦成美格, 然而有用神不吉, 即以
爲凶, 不可執也.

이에 만일 천지쌍비격이 비록 부귀하더라도, 또한 자체적으로도 격
이 있으니, 이 격에 전적으로 의지하면 안 되고 또한 기본격의 중요성
을 더욱 늘릴 수 있어야 한다. 즉 용사신이 아주 유용하지 않으면, 가
끔 의지하여 용사신으로 삼아도 또한 좋은 격을 이루지만, 그러나 용
사신이 불길하면 바로 흉이 되므로 고집하면 안 된다.

其於傷官傷盡, 謂是傷盡, 不宜見官, 必盡力以傷之, 使之無地容
身, 更行傷運, 便能富貴, 不知官有何罪, 而惡之如此. 況見官而傷,

則以官非美物, 而傷以制之, 又何傷官之謂凶神, 而見官之爲禍百端乎. 予用是術以歷試, 但有貧賤, 並無富貴, 未輕信也, 近亦見有大貴者, 不知何故. 然要之極賤者多, 不得不觀其人物以衡之.

　상관상진격에 대해서는 이를 상진이라 부르고, 정관을 보면 좋지 않으니 반드시 힘을 다해 상관을 상하게 하고, 그것으로 하여금 몸을 의탁할 여지를 주지 말아야 다시 상관운으로 흐르면 곧 부귀할 수 있다고 하는데, 정관이 어떤 죄를 가지고 있어서 미워함이 이와 같은지 모르겠다. 하물며 정관을 봄으로써 상한다면, 정관은 좋은 것이 아니기 때문에, 상관으로 제복하면 되는데, 또 왜 상관을 흉신이라 부르고, 정관을 보면 화가 백 가지가 된다고 하는가? 내가 이 술수를 써서 시험해봤는데, 다만 빈천한 사람만 있고 아울러 부귀한 사람은 없으니 가볍게 믿지는 않지만, 최근에 본 사람 중에 또한 대귀한 사람도 있으니, 어떤 이유인지를 모르겠다. 그러나 요컨대 아주 천한 사람이 많으니, 부득불 그 인물을 살펴서 헤아려야 한다.

참고문헌

1. 原典

『經書』, 成均館大 大東文化研究院, 1992.

『十三經注疏』, 藝文印書館, 1955.

『春秋左氏傳』, 學民文化社, 2000.

『老子校釋』, 中華書局, 1987.

『論衡注釋』, 中華書局, 1979.

『晉書』「郭璞傳」, 中华书局, 1974.

『莊子』, 上海古籍出版社, 1989.

『四書集註』, 中華書局, 2005.

『尙書』, 成均館大學校出版部, 2005.

『韓非子』, 北京聯合出版公司, 2015.

『春秋繁露』, 中華書局, 1985.

『白虎通義』, 北京, 中國書店, 2018.

『五行大義』, 『中國哲學書電子化計劃』所收.

『史記』, 『中國哲學書電子化計劃』所收.

『漢書』, 「藝文志」, 『中國哲學書電子化計劃』所收.

『晉書』, 「郭璞列傳」, 『中國哲學書電子化計劃』所收.

『北史』, 「列傳」, 『中國哲學書電子化計劃』所收.

『舊唐書』, 『中國哲學書電子化計劃』所收.

『京氏易傳』, 文淵閣『四庫全書』電子版 所收, 上海人民出版社, 1986.

『玉照定眞經』, 文淵閣『四庫全書』電子版 所收, 上海人民出版社, 1986.

『李虛中命書』, 文淵閣『四庫全書』電子版 所收, 上海人民出版社, 1986.

『珞琭子賦註』, 文淵閣『四庫全書』電子版 所收, 上海人民出版社, 1986.

『玉照神應眞經』, 『中國哲學書電子化計劃』所收.

『珞琭子三命消息賦註』, 文淵閣『四庫全書』電子版 所收, 上海人民出版社,
　　1986.

『子平三命通變淵源』, 서울대학교 奎章閣 所藏.

2. 單行本

강진석,『체용철학』, 서울, 도서출판 문사철, 2011.

김일권,『동양 천문사상 하늘의 역사』, 서울, 예문서원, 2007.

김근 역,『여씨춘추』, 서울, 글항아리, 2012.

김만태,『한국사주명리 연구』, 서울, 민속원, 2011.

김백현,『중국철학사상사』, 서울, 차이나하우스, 2006.

김필수·고대혁·장승구·신창호,『관자』, 서울, 소나무, 2006.

김향배,『노자철학 이해』, 서울, 예문서원, 2006.

勞思光 著, 정인재 譯,『中國哲學史』, 서울, 탐구당, 1988

동양고전연구회 역주,『論語』, 서울, 민음사, 2016.

동양고전연구회 역주,『孟子』, 서울, 민음사, 2016.

동양고전연구회 역주,『中庸』, 서울, 민음사, 2016.

萬民英,『三命通會』, 臺北, 武陵出版有限公司, 2011.

墨翟 著, 윤무학 譯,『묵자 II』, 서울, 도서출판 길, 2015.

沈孝瞻 著, 徐樂吾 評註, 박영창 譯,『子平眞詮評註』, 서울, 청학출판사, 2007.

沈孝瞻 著, 徐樂吾 評註,『子平眞詮評註』, 臺北, 武陵出版有限公司, 2012.

任鐵樵,『滴天髓闡微』, 臺北, 武陵出版有限公司, 2008.

陸致極,『中國命理學史論』, 上海, 上海人民出版社, 2008.

윤무학,『中國哲學方法論』, 서울, 도서출판 한울, 1999.

윤무학,『荀子 통일제국을 위한 비판철학자』, 서울, 성균관대학교 출판부, 2005.

윤무학,『荀子 하나, 둘, 셋의 비밀』, 서울, 살림출판사, 2013.

이기동,『莊子 內篇』, 서울, 동인서원, 2015.

이석명,『노자 도덕경 하상공 장구』, 서울, 소명출판, 2005.

이세열 역,『漢書藝文志』, 서울, 자유문고, 2005.

이운구,『中國의 批判思想』, 서울, 여강출판사, 1987.

이운구,『동아시아 비판 사상의 뿌리』, 서울, 도서출판 길, 2004.

이운구, 윤무학,『墨家哲學研究』, 서울, 성균관대 대동문화연구원, 1995.

240

이운구 역,『墨子』, 서울, 도서출판 길, 2012.

이운구 역,『荀子』, 서울, 한길사, 2006.

이주행 역,『論衡』, 서울, 소나무, 1987.

이현종,『東洋年表』, 서울, 탐구당, 2008.

정영호 역,『呂氏春秋十二紀』, 서울, 자유문고, 2006.

정태현 역,『春秋左氏傳』, 서울, 전통문화연구회, 2001.

조셉 니이담, 이석호 외 譯,『中國의 科學과 文明Ⅱ』, 서울, 을유문화사, 1993.

陳素庵,『精選命理約言』, 臺中, 瑞成書局, 2004.

최정준,『주역개설』, 서울, 비움과소통, 2014.

洪丕謨 외, 문재곤 譯,『時의 철학』, 서울, 예문지, 1988.

3. 論文

桂羅敏,「災異與秩序」, 上海大學 博士學位論文, 2012.

김남석,「『자평진전』의 격국·용신 변화에 관한 연구」, 대구한의대학교 박사학위
　　논문, 2018.

김만태,「한국사주명리의 활용양상과 인식체계」, 안동대학교대학원 박사학위논
　　문, 2010.

김만태,「사시·월령의 명리학적 수용에 관한 고찰」,『동양학』제67집, 동양학연
　　구원, 2017.

김면수,「명리원전『子平三命通變淵源』연구, 동방문화대학원대학교 박사학위
　　논문, 2018.

김미정,「『子平眞詮』의 격국 연구」, 대구한의대학교 박사학위논문, 2018.

김준호,「日干 중심의 用神과『子平眞詮』의 格局用神에 관한 연구, 대구한의대
　　학교 박사학위논문, 2018.

董向慧,「徐子平與子平術考證」,『歷史研究』2期, 山東社会科学院, 2011.

杜曉靜,「宋代術數文獻研究」, 東北師範大學 碩士學位論文, 2013.

蘭硬耀,「『莊子』命的道德哲學研究」, 東南大學 博士學位論文, 2015.

樂愛國,「『管子』的陰陽五行說與自然科學」,『管子學刊』3期, 山東理工大学
　　齐文化研究院, 1994.

樂愛國,「『管子』與『禮記·月令』科學思想之比較」,『管子學刊』2期, 山東理工

大学齐文化研究院, 2005.

白奚, 「中國古代陰陽與五行說的合流」, 『中國社會科學』 5期, 中國社會科學, 1997.

서소옥, 「陳素庵『命理約言』의 命理 理論 研究」, 원광대학교 대학원 박사학위 논문, 2018.

石磊, 「先秦至漢儒家天論新探」, 上海師範大學 博士學位論文, 2012.

송재호, 「『자평진전』 격국형성 원리 연구」, 『한국命과학연구』 제9집, 太乙, 2017.

孫秀偉, 「董仲舒天人感應論與漢代的天人問題」, 陝西師範大學 博士學位論文, 2010.

신영호, 김만태, 「중국 命理原典『命理約言』고찰」, 『중국학』 제58집, 2017.

申鎭植, 「『呂氏春秋』思想研究」, 北京大學校 博士學位論文, 2005.

沈劍英, 「論呂才的邏輯思想」, 『學術月刊』, 7期, 上海市社会科学界联合会, 1987.

楊麗, 「王充『論衡』之術數觀探析」, 福建師範大學 碩士學位論文, 2014.

王雪, 「『淮南子』哲學思想研究」, 西北大學 博士論文, 2005.

王永寬, 解少華, 「鬼谷子生平事跡新探」, 『黃河科技大學學報』 5期, 黃河科技大學, 2009.

王易萍, 梁欽佳, 「中國古代算命術探析」, 『玉林師範學院學報』 1期, 玉林師範學院, 2009.

王逸之, 王興鋒, 「五行與術數」, 『邢台學院學報』 1期, 邢台學院, 2011.

王逸之, 「陰陽五行與隋唐術數研究」, 陝西師範大學 碩士學位論文, 2012.

王曉毅, 「王充的命理學體系」, 『孔子研究』 6期, 中国孔子基金会, 2001.

李廉, 「漢唐以來算命術之誤入歧途」, 『江蘇社會科學』 2期, 江苏省哲学社会科学界联合会, 1992.

李富祥, 「王充『論衡』的命理學思想新探」, 浙江師範大學 碩士學位論文, 2013.

윤무학, 「天人관계를 통해 본 本原儒敎에서의 禮와 法」, 『유교문화연구』 제2집, 2000.

윤무학 외, 「墨家의 음양오행론」, 『한국철학논집』 제38집, 한국철학사연구회, 2013.

윤무학, 「『呂氏春秋』의 雜家的 性格」, 『首善論集』 제15집, 성균관대학교대학원, 2002.

이명재, 「中國 古代 命理學의 淵源과 體系」, 동방문화대학원대학교 박사학위논문, 2018.

이명재, 「徐子平의 命理思想 연구」, 『중국학연구』 제66집, 중국학연구회, 2013.

이명재, 「『管子』의 陰陽五行論」, 『東洋學』 제69집, 東洋學研究院, 2017.

이명재, 「『玉照定眞經』의 知命體系」, 『東洋文化研究』 제38집, 중국문화연구학회, 2017.

이명재, 「戰國時代의 陰陽五行論」, 『東方文化와 思想』 제3집, 동양학연구소, 2017.

이명재, 「子平命理學의 知命體系 考察」, 『東方文化와 思想』 제4집, 동양학연구소, 2018.

이명재, 「子平命理學의 육친론 고찰」, 『중국인문과학』 제80집, 중국인문학회, 2022.

이명재, 「『자평진전』의 용신 고찰」, 『東方文化와 思想』 제12집, 동양학연구소, 2022.

이석명, 「『여씨춘추』 제자동기의 정치철학과 시령사상」, 『중국학보』 65집, 한국중국학회, 2012.

이석명, 「『淮南子』의 時 令사상과 음양오행론」, 『대동문화연구』 70집, 대동문화연구원, 2010.

이수동, 「『자평진전』 격국·용신의 부귀론 연구, 『東方文化와 思想』 제9집, 동양학연구소, 2020.

조주은·윤무학, 「『呂氏春秋』에서의 陰陽과 五行의 結合」, 『한국철학논집』 42, 2014.

藏明, 「五德終始說的形成與演變」, 西北大學 博士學位論文, 2012.

張新智, 「子平學之理論研究」, 臺灣國立政治大學 博士學位論文, 2002.

張新智, 「子平命學溯源 - 唐宋命要籍考辨」, 『弘光人文社會學報』 14, 2011.

張海英, 「先秦道家天命鬼神思想 研究」, 湖南大學 博士學位論文, 2012.

程佩, 「宋代古法時期命理文獻中正五行考察」, 『湖北民族學院報』 2期, 湖北民族學院, 2013.

朱山, 「命理哲學 批判」, 『上海社會科學院學術季刊』 1期, 上海社会科学院, 1995.

池方興, 「『管子』研究」, 西北師範大學 博士學位論文, 2003.

彭華, 『陰陽五行研究』, 華東師範大學 博士學位論文, 2004.

최진묵, 「漢代 數術學에 관한 연구」, 서울대학교 대학원 문학박사학위논문,
　2002.

4. 인터넷 자료 사이트

http://www.nanet.go.kr(국회전자도서관)

http://www.riss.kr(한국교육학술정보원)

http://www.kci.go.kr/kciportal/main.kci(한국학술지인용색인)

http://ctext.org/zh(中國哲學書電子化計劃)

http://www.cnki.net(中國知網)

http://www.airiti library.comt(華藝線上圖書館)

https://www.zdic.net/(漢典)

https://www.baidu.com/(바이두)

https://www.google.com/(구글)

https://www.daum.net/(다음)

https://www.naver.com/(네이버)